AF591015

RECUEIL DES ÉDITS, *ORDONNANCES*, DÉCLARATIONS, TARIFS, TRAITÉS, RÉGLEMENS *ET* ARRÊTS,

Sur le fait des Droits de Haut-Conduit, Entrée & Issuë-Foraine, Traverse, Impôt sur les Toiles & Acquits-à-Caution de Lorraine & Barrois.

Avec une Instruction pour les Receveurs des Droits de la Marque des Fers.

A NANCY,

Chez la Veuve & les Héritiers de LESEURE, Imprimeur du Roi, & la Veuve DROUIN, Marchande-Libraire.

M. DCC. LVII.

TABLE

Des Edits, Déclarations, Ordonnances, Tarifs, Traités, Arrêts & Réglemens sur le fait des Droits de Haut-Conduit, Entrée & Issuë-Foraine, Traverse, Impôt sur les Toiles, & Acquits-à-Caution de Lorraine & Barrois, contenus dans ce Recuëil.

21 Janvier.	1718	*Articles du Traité de Paris qui concernent la liberté de Commerce & de Communication réciproque entre la Lorraine & la Généralité de Metz, à la suite desquels Articles est celui qui regarde la Prévôté de Vaucouleurs.*
4 Avril	1721.	*Edit portant supression du Droit de Haut-Conduit dans l'intérieur des Etats.*
20 Décembre	1722.	*Déclaration au sujet du Timbre des Acquits.*
6 Juillet	1723.	*Arrêt de la Chambre des Comptes de Lorraine, au sujet des Bois dont le transport se fait par eau.*
28 Février	1725.	*Arrêt du Conseil d'Etat, concernant les Habitans de l'ancien Territoire de l'Evêché de Metz.*
23 Janvier	1726.	*Nouveau Réglement concernant les Droits de Haut-Conduit, Entrée, Issuë-Foraine & Acquit-à-Caution.*
20 Mars	1726.	*Extrait d'Arrêt dudit Conseil sur le même objet.*
14 Mars	1733.	*Arrêt de la Chambre des Comptes de Lorraine, au sujet de dix quartes d'avoine qu'un Voiturier faisoit sortir sans Acquit, sous prétexte qu'elles étoient pour la nourriture de ses Chevaux pendant son voyage.*
14 Avril	1733.	*Arrêt de la Chambre des Comptes de Lorraine, concernant les Bois étrangers que l'on fait passer dans les Etats.*
21 Juillet	1733.	*Arrêt du Conseil d'Etat, qui déclare exempts des Corvées les Commis nommés par les Communautés.*
4 Septembre	1734.	*Arrêt de la Chambre des Comptes de*

		Lorraine, au sujet du Droit de Haut-Conduit pour les Bois de Sapin conduits par eau.
1 Mars	1735.	*Arrêt du Conseil d'Etat, au sujet des Grains sortant de Lorraine, destinés au payement du prix des Baux, Cens, Rentes & Redevances.*
1 Mars	1738.	*Arrêt de la Chambre des Comptes de Lorraine, au sujet des Bestiaux reconduits au-dehors des Etats.*
18 Mai	1750.	*Extrait de la Déclaration du Roi, faisant Bail des Fermes Générales de Lorraine & Barrois à Louis Diétrich.*
22 Août	1750.	*Arrêt du Conseil Royal des Finances & Commerce, qui ordonne que l'Arrêt sur Requête du 25 Juin 1728, faisant Réglement sur les Certificats de déchargement & l'expédition des Acquits-à-Caution, & qui est joint, sera exécuté suivant sa forme & teneur.*
22 Août	1750.	*Arrêt du Conseil Royal des Finances & Commerce, au sujet des Denrées du crû & concrû des Biens situés dans l'ancien Territoire de l'Evêché de Metz, qui sont conduites à Metz, ou autres lieux du Pays Messin, en passant sur les Terrains de la Souveraineté de Lorraine.*
19 Novembre	1753.	*Sentence contradictoire du Bailliage Royal de Boulay, portant condamnation contre un Receveur qui s'étoit approprié des Droits.*
26 Avril	1755.	* *Arrêt du Conseil Royal des Finances & Commerce, qui ordonne l'exécution de l'Ordonnance du 19 Mai 1704, portant défenses aux Mar-*

Fin de la Table.

ORDONNANCE

Faisant Réglement sur les Droits d'Entrée & d'Issuë-Foraine, & autres Droits semblables.

Du 27. Janvier 1597.

CHARLES, par la grace de Dieu, Duc de Calabre, Lorraine, Bar, Gueldres; Marchis, Marquis du Pont-à-Mousson, Comte de Provence, Vaudémont, Blamont, Zutphen, &c. A tous qui ces Présentes verront; SALUT: Comme de bien long-tems Nous ayons reconnu les fraudes & abus qui se commettent à l'Acquit de l'Impôt de l'Entrée & Issuë-Foraine de nos Pays, de même que tous autres Impôts, que nous avons depuis imposés en iceux, & qu'il soit de besoin d'y pourvoir & remédier, pour retrancher la licence & liberté que plusieurs prennent d'ainsi nous priver de nos Droits, & au mépris de nos Ordonnances frauduleusement conduire, & transporter hors Marchandises & Denrées sujettes auxdits Impôts, ou y amener, sans acquitter ce qu'ils doivent; & aussi afin qu'un chacun cognoisse & sache la forme que voulons être suivie & observée pour le payement & acquit de ce qui dépend dudit Droit d'Entrée & Issuë-Foraine ; savoir faisons que, le tout considéré, & après avoir sur ce advis des Gens de notre Conseil ; Nous conformément à ce que ja ci-devant & dès-lors lesdites Impositions en aurions édit & ordonné, avons par ampliation, & en tant que besoin soit, de nouveau statué & ordonné, statuons & ordonnons, que les Receveurs, Fermiers qui tiendront de Nous l'Impôt desdites Issuës & Entrées Foraines, pour les Marchandises & Denrées, qui se transporteront hors nosdits Pays, & qui y entreront, devront établir un, deux, trois & quatre Bureaux, ou plus, s'il y échéoit, selon l'étenduë de la Province de leurs admodiations, ès lieux des Receptes de notre Domaine, où les Marchands & toutes autres personnes de nosdits Pays ou Etrangers, conduisant ou faisant conduire lesdites Marchandises & Denrées, seront tenus aller acquitter & payer au plus proche du lieu où ils voudront sortir hors nosdits Pays, pour toutes sortes de Marchandises & Denrées, ou Vin qu'ils conduiront, meneront & transporteront hors iceux, ou voudront y faire entrer à Chars, Charettes, Chevaux, Mulets, Mulles, Anes, à bras, à dos, ou autres, selon que par nos précédentes Ordonnances, lesdites Marchandises, Denrées ou Vins sont taxés pour l'Issuë & Entrée en nosdits Pays, soit que les choses susdites viennent & procédent de leurs rentes, revenus, ou non ; èsquels Bureaux seront tenus prendre Acquit de Paye desdits Fermiers, ou leurs Commis & Députés, portant la somme qu'ils auront payée, & pour quelles Marchandises & Denrées, ou quantité de vin, il auroit acquitté ou payé ; & ce à peine de confiscation desdites Marchandises, Denrées & Vins, & des Chars & Charettes, Chevaux, Mulets & Anes, qui les conduiront & meneront où ils trouveroient avoir passé outre lesdits Bureaux, ou déchargé, sans y être allé acquitter & avoir acquitté, & prins Acquit de Paye. Que s'ils chargent Marchandises, Denrées & Vins dans nosdits Pays, sur les frontiéres, ès lieux où puis après il n'y ait Bureau établi pour y acquitter avant qu'en sortir, seront tenus aller au plus prochain Bureau de l'Office ou Châtellenie, en laquelle ils auront chargé, & y satisfaire, avant que pouvoir charger lesdites Marchandises & Denrées ou Vins, à pareille peine de confiscation d'icelles, & des Chars, Charettes, Chevaux, Mulets & Anes qu'ils trouveront chargés

Etablissement des Bureaux.

Les Droits seront payés sur les Marchandises & Denrées, soit qu'elles procédent de rentes, revenus, ou non.

Acquits ; ce qu'ils doivent exprimer.

Peine de confiscation contre ceux qui auront passé le Bureau ou déchargé, sans acquitter.

S'il n'y a point de Bureau dans le lieu du chargement, l'Acquit sera levé au plus prochain, avant de charger.

desdites Marchandises & Denrées. Que s'il se trouve aucune Marchandise entre lesdites choses, que celles qui auront été acquittées & déclarées en l'Acquit desdits Fermiers, ou de leursdits Commis, tout ce qui se trouvera de non acquitté, le déclarons dès maintenant, comme pour-lors, à Nous acquis & confisqué, avec les Chars & Charettes, Chevaux, Mulets & Anes, sur lesquelles lesdites Marchandises seront chargées, & tous ceux desdits Pays étrangers, qui auront fait transporter hors nosdits Pays quelques Marchandises, Denrées ou Vins, ou faire entrer en iceux de celles qui, comme dit est, y sont affectés, nommément du Vin, sans avoir acquitté ledit Droit, & prins Acquit de Paye desdits Fermiers, ou de leurs Commis, en étant découverts, seront recherchés & poursuivis en tous les lieux de nosdits Pays où ils se puissent trouver, pour ce qu'ils auront fait mener, conduire & transporter hors, sans avoir acquitté ledit Droit, & prins Acquit de Paye, & tenu payer la juste valeur & estimation desdites Marchandises, Denrées ou Vins, qu'ils auront fait sortir ou entrer en nosdits Pays, & des Chars, Charettes, Chevaux & autres bêtes, sur lesquelles le tout aura été chargé. Et à l'égard de plusieurs particuliers enclavés dans nos Pays, qui auront obtenu Privilége de Nous, de transporter en leurs lieux, pour leur défruit seulement, toutes sortes de Marchandises, Denrées & Vins, sans payer ledit Impôt, afin que par ce moyen ils n'en abusent, sous ce prétexte, hors nosdits Pays & des lieux, pour lesquels Nous avons octroyé lesdits Priviléges. Voulons qu'un chacun d'iceux qui voudront charger Marchandises, Denrées & Vins en nosdits Pays, & autres qui en ameneront, seront tenus prendre Acquit de Caution au Bureau le plus proche du lieu où ils chargeront, & d'où ils partiront, & icelui renvoyer dedans huit jours, avec certification de la décharge desdits Vins, à peine de cinquante frans d'amande & de confiscation, s'il y échet aussi, afin de pouvoir remédier au soulagement d'un chacun. Et que nosdits Fermiers ne puissent faire aucune moleste, retardement, ou frais aux dessusdits, & éxiger plus que les choses ne sont taxées par nos précédentes Ordonnances, avons ordonné & ordonnons, que lesdits Receveurs & Fermiers qui tiendront de nous lesdits Impôts, dès le commencement & à l'instant que laix leur en sera fait, seront tenus faire publier ès lieux des Marchés,

Marchandises non acquittées, ni déclarées en l'Acquit, tombent en confiscation, ainsi que les Chars, &c.

Ceux qui auront fait sortir ou entrer des Marchandises ou Denrées, sans les acquitter, seront recherchés & poursuivis.

Les Privilégiés tenus de prendre des Acquits à Caution.

& mettre Billet au-devant des Eglises d'une chacune Ville, Bourg ou Village dépendans des contrées à eux laissées à Ferme, portant les lieux où les Bureaux seront établis, & auxquels un chacun devra aller acquitter & d'abondant afficher un Tableau de ce à quoi chacune espéce de Marchandises, Denrées & Vins sera taxé par nosdites Ordonnances; & aussi-tôt que lesdits Marchands, sujets & personnes des Pays étrangers se présenteront èsdits Bureaux, pour acquitter, lesdits Receveurs, Fermiers ou leurs Commis, seront tenus à l'instant & sans autre délai, reconnoître & visiter toutes & chacunes les Marchandises, Denrées & Vins, pour lesquels l'on voudra acquitter, en donnant Acquit de Paye aux dessusdits, signé de leur main & scellé d'un Cachet armoyé des Armes de nos Duchés, ou lesdits Fermiers seront établis, contenant lesdits Billets la somme reçuë, dont ils feront Régistre à part & en présence desdits Marchands, sujets & personnes des Pays ou étrangers, enrégistreront toutes & chacunes les Marchandises, Denrées & Vins qui leur seront portés, afin d'y avoir recours, quand besoin sera; & où lesdits Receveurs, Fermiers ou leurs Commis différeront donner lesdits Acquits promptement & sans retardement, seront amandables de cinquante frans à Nous applicables, & de tous dépens, dommages & intérêts envers lesdits Marchands, sujets & personnes qui voudront acquitter; & en cas d'éxiger plus qu'il n'est taxé, de telles peines arbitraires que le fait se trouvera mériter.

Visite des Marchandises pour lesquelles il est demandé Acquit.

Forme des Acquits, & obligation des Receveurs de les enrégistrer en présence des personnes qui les levent.

Commis refusant ou différant de donner Acquits, punis d'amande.

Défenses d'exiger plus que les droits dûs.

Pourront lesdits Receveurs, Fermiers établir Commis & Gardes à une chacune Ville, Bourg & Village des contrées à eux laissées à Ferme, pour y faire toutes saisies, arrêts & reprises sur ce qui se trouveroit contrevenir à notre présent Edit, & les poursuivre ayant passé par-tout où ils pourront les attraper. En quoi faisant, nous enjoignons à tous nos Officiers, hommes & sujets de ce requis, leur prêter toute faveur & assistance, à peine d'amende arbitraire; desquelles reprinses ainsi faites par lesdits Fermiers, leurs Commis ou autres, Nous voulons être fait rapport à nos Juges ordinaires des Prévôtés & Sénéchaussées des lieux de nos Pays où elles se feront, auxquels en avons attribué & attribuons toute Cour, Jurisdiction & connoissance, pour en connoître, juger & terminer sommairement sur le champ, sans beaucoup de formalités au prescrits de notredite Ordonnance,

Permission d'établir des Commis & Gardes.

Injonction à tous Officiers & Sujets de prêter main-forte.

Reprises seront jugées sommairement.

& ſans y déroger ou faire choſe au contraire ; comme auſſi attribué & attribuons auxdits Fermiers & Rapporteurs le tiers deſdites amandes : leſquelles Ordonnances voulons & nous plait être ſuivies & obſervées de point en point, tant pour leſdits Impôts, dont ſpécifiquement y eſt fait déclaration, que pour toutes autres ſemblables, & pour tous autres Impôts impoſés & à impoſer en noſdits Pays, & ſans pour ce préjudicier aux Edits & Réglemens par nous faits précédemment pour autres Impôts mis ſur les Vins, Moutons & Bétes blanches, que l'on fera ſortir & tranſporter hors noſdits Pays, que voulons demeurer en leur force & vigueur : défendons à tous nos ſujets & autres qu'ils ſoient, d'attenter au contraire, ni prêter aides, ſecours, faveurs, ni aſſiſtances aux Marchands propriétaires ou conducteurs deſdites Marchandiſes, à y contrevenir directement ou indirectement, à peine contre eux de l'amender arbitrairement, outre ladite confiſcation aux propriétaires. SI MANDONS à tous nos Baillifs, Préſidens des Comptes de Lorraine & Barrois, Lieutenans-Généraux & Particuliers deſdits Baillifs, Prévôts, leurs Lieutenans, Procureurs-Généraux, à leurs Subſtituts, Mayeurs, leurs Lieutenans, & à tous autres nos Juges & Officiers, hommes & ſujets, que cette notre Ordonnance duëment publiée en la forme & lieux accoûtumés, ils la faſſent, chacun d'eux à ſon égard, bien exactement obſerver de point en point, & procédant contre les contrevenans à icelle, ſans aucune connivence ni exception de perſonne : CAR AINSI NOUS PLAÎT. En témoin de quoi, Nous avons à ceſte ſignée de notre main fait appoſer en placart notre Cachet ſecret.

La préſente Ordonnance déclarée commune pour tous autres droits ſemblables.

Défenſes de porter ayde & faveur, pour frauder les droits.

Contrevenants punis d'amande, outre la confiſcation.

DONNE' en notre Ville de Nancy le vingt-ſeptiéme jour de Janvier mil cinq cens quatre-vingt dix-ſept.

Ainſi ſigné, CHARLES.

Et plus bas, PAR SON ALTESSE,

Les Sieurs de Bourbonne, Grand Chambellan & Chef des Finances ; Mainbourg, Maître des Requêtes ordinaire ; Remy, Procureur Général de Lorraine ; Bardin, auſſi Maître des Requêtes ordinaires ; & Bouvet, Préſident des Comptes de Lorraine, préſens ; & pour Sécrétaire N. de Gleyſenove, & ſcellé en placart du Scel ſecret ſous cire rouge.

SENSUIVENT
LES DROITS
DE L'IMPOST
D'ENTRE'E ET ISSUE FORAINE

Que son Altesse veut & entend par ses Ordonnances de l'Année mil cinq cent soixante trois, mil cinq cent quatre ving dix sept, mil six cent trois, que la presente estre pris & levez, par les Fermiers dudit Impost en ses Duchez de Lorraine & Barrois, Terres & Seigneuries, sur les marchandises & danrées entrans & sortans hors desdits Pays, comme il est cy-après déclaré.

POUR L'ENTRE'E.

1	DUn chacun Roncin, Courtault & double Courtault sera payé	1 fr. 3 gr.
2	De chacun autre Cheval & Jument, Mulet ou Mule Asne ou Asnesse, soit de trait ou de service	6 gr
3	Du Poulain	3 gr
4	De tout vin étranger sera payé pour la queue	1 fr
	De la demye queue	6 gr
	De la feuillette	3 gr

B

Du virlin	7 gr
Du demy virlin	3 gr 8 de
Et de la mesme mesure	1 gr

POUR LISSUE.

1 DE la queue de vin tant de Lorraine que Barrois ou autre	1 fr
De la demie queue	6 gr
De la feuillette	3 gr
Du virlin	7 gr
Du demy virlin	3 gr 8 de
De la mesure	1 gr
2 De la queue de bierre	6 gr
De la demy queue	3 gr
3 De la queue de cidre	4 gr
De la demie queue	2 gr
De la feuillette	1 gr
4 DU reseau de bled froment mesure de Nancy, toutes autres mesure reduites à icelles	2 gr
5 Du reseau de seigle	1 gr 8. de
6 Du reseau aveine, orge, poix, febves, millot, lentilles	1 gr
7 Du reseau de farine	2 gr
8 De la baile de ris	1 gr
9 Du reseau de semence de navets & navettes	4 gr
10 Du reseau de cheneveuse	2 gr
11 De la charette de pain tant blanc que bys	8 gr
De la charge ou collée	2 gr
12 Du tonneau de semence d'ognons	3 gr

13	De la tonne de mihiel ou d'huile de cheneveuſe ou navette	3 gr
14	DE chacun Cheval	6 gr
15	De la poultre	3 gr
16	Du poulain	1 gr 8 de
17	Du bœuf	6 gr
18	De la vache	3 gr
19	Du naſſon ou geniſſe	2 gr
20	Du veau de laict	1 gr
21	De chacun mouton brebis ou chevre	4 gr
22	Du porc au deſſus d'un an	2 gr
23	Du porc au deſſous d'un an	1 gr
24	Du char chargé de lart en bande ou autre	2 fr
	De la charette	1 fr
25	Du cent de ſuif	1 gr
26	De la charette chargée de chandelle de ſuif	4 gr 8 de
27	De la charette chargée de haut fromage & autre	6 gr
28	DU char chargé de cuir a poil ou tanné	1 fr
	De la charette	6 gr
29	De la douzaine de peaux de moutons, brebis & veaux	1 gr
30	De la Douzaine de peaux de boucs & chevres tanné ou à tanner	1 gr

31 Du char chargé de cuir tanné mis en tranche ou ouvrez soit en botte, souilliers, ou autres besongnes qu'elles elles soient — 2 fr

De la charette — 1 fr

Et du fardeau ou balle — 3 gr

32 De la charette chargée d'enharnichement de chevaux dit ouvrages de seilliers & bourreliers de toutes sortes — 1 fr

De la charge de cheval, mulet ou asne — 3 gr

Et du fardeau — 1 gr

33 DU char chargé de poissons — 6 gr

De la charette — 3 gr

De la charge de cheval desdits poissons — 1 g 8 de

34 De la tonne de harens — 8 de

35 Du cent d'estocfisse, platisse, & semblabe poisson sec — 8 de

36 De la tonne de Moulue, Saumons, Cabeaux, Estourgeons & d'autres semblables. — 1 gr

37 DU char chargé de saulmiers, sabliers, traits, peines, chevrons, seules planches, lates & autres de marinages — 8 gr

De la charette — 4 gr

38 Du char chargé de bois de chaufage tant en corde qu'autrement — 4 gr

De la charette — 2 gr

39 Du char chargé de coffre, bahus, table, buffet, charlit, & autres meubles de bois — 2 fr

De la charette — 1 fr

40 Du char chargé de tonneaux, cuves, cuveaux, ballons, tandelins, seilles & autres utenciles de bois quelles elles soient — 1 fr 6 gr

	De la charette	9 gr
	De la charge de cheval	3 gr
	De la collée	12 de
41	Du char chargé de layettes & bois soit de sapins ou autres especes	9 gr
	De la charette	4 gr 8 de
42	Du char chargé de douves à faire cuves, cuveaux, cercles à relier & paisseaux à faconner vignes	6 gr
	De la charette	3 gr
43	Du cent de planche de sapin & autre siage	2 gr
44	Du char chargé de vants, vanettes, corbeilles & autres ouvrages de vaneries	1 fr
	De la charette	6 gr
	Du fardeau	12 de
45	De la collée ou charge d'ouvrage de fuzelier où torneur	2 gr
46	De chacune barquelle neuve	9 gr
47	De chacune barquelle ou basteau	1 fr 6 gr
48	Du char chargé d'escorses de bois batues en poudres ou non	4 gr
	De la charette	2 gr
49	De la vanne de charbon	6 gr
	De la demy vanne ou banne	3 gr
50	De chacun blot de pierre de taille portant dix pieds	2 gr
	Le demy blot au dessus & au dessous a l'equipolent	

51 Du char chargé d'autres pierres qu'elles elles ſoient pour baſtir, paver ou autrement employer	4 gr
De la charette	2 gr
52 Du char chargé de pierre pour taillandier	6 gr
De la charette	3 gr
53 Pour chacune pierre de moulin	9 gr
54 Du char chargé de tuilles, bricques ou carreaux	4 gr
De la charette	2 gr
55 Du char chargé de chaux	6 gr
De la charette	3 gr
56 DU char chargé de mine de fer	3 gr
De la charette	1 gr 8 de
57 DU char chargé de fer fendu, de cloux & d'ouvrages de ſerrurier ou clouteries de toutes ſortes	2 fr
De la charette	1 fr
Le cheval mulet ou aſne chargé deſdites eſpéces	3 gr
Et de la collée	12 de
58 De la charette chargée de pots de fer, poesles & autres eſtanciles de fer	9 gr
59 LE millier péſant de fer de fonde ou de forge tant en gueuſes, bandes ou barreaux	9 gr
Le cent péſant	14 de
60 DU char chargé d'arquebuſe, piſtolet, poudre, meſche, ſalpeſtre, halbarde, eſpieux harnois d'armes, corcelet &	

toutes autres sortes d'instrumens de guerre — 3 fr

De la charette — 1 fr 6 gr

De la collée — 4 gr 8 de

61 DE la balle ou casse d'orphevrie, bagues, joyaux — 2 fr

62 Du char chargé de pelleterie de toutes sortes — 8 fr

De la charette — 4 fr

Du pacquet ou fardeau de pelleterie — 4 gr

63 DU char chargé de velour, satin, camelot de soye, sarge de soye & d'autres espéces de soye — 4 fr

De la charette — 2 fr

De la charge de mulet ou asne ou cheval — 1 fr

Du fardeau — 3 gr

64 DU char chargé de laine — 2 fr

De la charette — 1 fr

De la charge du cheval, mulet ou asne — 4 gr

De la collee — 2 gr

65 Du char chargé de bour de toutes sortes — 1 fr 6 gr

De la charette — 9 gr

De la charge de cheval, mulet ou asne — 3 gr

De la collée — 1 gr

66 Du char chargé de coton, fil ou en balle — 2 fr

De la charette — 1 fr

Du fardeau — 1 gr 8 de

67 DE la charette chargée de chapeaux & de toute autres sortes de bonneterie — 1 fr

De la balle, casse, collée ou charge de cheval — 3 gr

68 DU char chargé de linges & d'habits — 2 fr

De la charette — 1 fr

De la charge de cheval — 4 gr

Du fardeau — 1 gr 8 de

69	DU char chargé de trilly, tridaine, bougran, mantes & couvertes de licts, tapis de toutes sortes	2 fr
	De la charette	1 fr
	Du fardeau, collée ou charge de cheval	3 gr
70	DU char chargé de chanvre & vieux drapeaux	9 gr
	La charette	4 gr 8 de
71	Du char chargé de papieres	8 gr
	De la charette	4 gr
	Le fardeau, balle & pacquet desdits papieres, chanvres & vieux drapeaux	8 de
72	Du char chargé de toille, filet, nappes, serviettes & linceux	4 gr
	De la charette	2 gr
73	Du char chargé de librairie de toutes sortes tant en tonneau, casse, balle	1 fr
	De la charette	6 gr
	Du fardeau	1 gr 8 de
74	Du char chargé de bresil & d'autres espéces de bois de tainture	8 gr
	De la charette	4 gr
75	Du cent pésant d'azur	3 gr
76	Du char chargé de peignes de buis en casse ou autrement	6 gr
	De la charette	3 gr
	Du fardeau	6 de
77	De la douzaine de gros barots & flacons de verre	6 de
78	De la douzaine de menue verres	2 de
79	Du char chargé de litarge	6 gr
	De la charette	3 gr

80	Du char chargé d'amendes	8 gr
	De la charette	4 gr
	Du fardeau	6 de
81	Du char chargé de marons, chaſtaignes, oranges, citrons & grénades	9 gr
	De la charette	4 gr 8 de
	De la balle ou caſſe	1 gr
82	Du char chargé de poix noire ou blanche	6 gr
	De la charette	3 gr
83	Du char chargé de plumes de lict	1 fr
	De la charette	6 gr
84	DU char chargé de tapiſſerie, imagerie de toutes ſortes en toille ou autrement, fil dondomerre & de Lyon tant en chanvre qu'en eſchevette & de pate-noſtre de toutes ſortes dit roquaille	2 fr
	De la Charette	1 fr
	Du fardeau	1 gr 8 de

85 DU char chargé de roſette, faulx, faucilles, batteries, acier eſtain, plomb, fer blanc, fil gros & ſubtil tant de Bourgogne que du Pays, cire, garence, fil de leton, pœsle blanche, arcois, metaille, potils, fils, eſgeuillette, quinquaillerie, fer de picques haubergeons, piſtolets lames d'eſpées, & autres inſtrumens de guerre, draps de laines de toutes ſortes, ſucre de toutes ſortes, drogues d'apoticaires tant en boittes que en caſſe, bonnets de toutes ſortes, futaines, camelots de laine & de chevre, ſatin de bruge, demy oſtade, oſtade renforcée, bougrans, bon baſins, tripes de velour, ſatin de Tournay,

Mercerie meslée de toutes sortes, soye, fillozette filée, ou non & en eschevette, huille d'aspic. Laurain, Camomille, rosat, olifs & autres semblables, poivres, muscades, safrans galles communes & autres coperoses, vert de gry, souffre & galle d'Alby	2 fr
De la Charette	1 fr
De la charge de cheval	3 gr
Du fardeau	12 de

Toutes lesquelles espéces de marchandises, denrées, etoffes & chacunes d'icelles selon qu'elles sont cy-devant déclarées, Nous voulons & entendons & nous plaist estre payé & acquitté par tous marchans & autres de qu'elle qualité ils soient, qui les conduiront, meneront & transporteront hors nos Pays de Lorraine & Barrois, terres y enclavées, & de mesmes pour les vins estrangers, Roncins, Courteaux, doubles Courteaux & tous autres Chevaux, Jumens, Mulets, Mulles, Asnes, Anesses, soit de trait ou de service, que l'on fera entrer en iceux ainsi qu'il est cy-dessus spécifié & cottez les sommes de deniers évaluées à l'endroit d'un chacun article en la forme, maniere & soubs les peines de nos précédentes Ordonnances raportées en l'intitulation de la présente déclaration & cotization. Lesquelles commandons & ordonnons de rechef estre suivies & observées de poinct en poinct sans aucune contravention soubs les peines indictes : Deffendons aussi à tous Receveurs, Fermiers & Amodiateurs desdits droicts d'imposts de ne demander, lever, ny exiger plus qu'il est ordonné par la présente évaluation & cottization, à peine d'en estre recherchez & poursuivis comme exacteurs & autres peines portées de nosdites Ordonnances. Et d'autant que pour l'effet & accomplissement du présent réglement évaluation, il est, & sera requis de s'en servir en plusieurs & divers endroits de nosdits Pays : Voulons aussi & nous plaist qu'à la copie d'icelui collationnée & signée de l'un de nos Sécretaires de commandemens, foy y soit adjoustée comme à l'original. Car ainsi nous plaist EN TESMOING de quoy Nous avons ſigné ceſte de notre main. Donnée à notre ville de Bar ſoubs noſtre ſcel ſecret, le quatrieme jour du mois de Décembre l'an mil ſix cens & quatre.

Les Sieurs de Villers Chef au Conſeil, Bailly de Nancy, de Thon Mareſchal de Lorraine & Chef des Finances, de Mailhanne Mareſchal de Barrois, de Lenoncourt Bailly de Sainct Mihiel, de Leymont Bailly de Bar, de Liſſeras Bailly de Chaſtel de la Baſtide Capitaine des Gardes, de Vabecourt grand Gruyer de Barrois, Bournon Préſident de S. Mihiel, Vincent Préſident de Bar, Bardin Maiſtres des Requeſtes, Bouvet Préſident de Lorraine, de Marainville, Preud'homme Conſeillier à S. Mihiel, Gleyſevoue de l'Egliſe Lieutenant Général de Bar, Preud'homme, Daurillot, Maillet Auditeur des Comptes de Bar preſentz.

Sur l'Imprimé à NANCY, en l'Hoſtel de Ville, par HUMBERT BASTOIGNE, Imprimeur Jure & ordinaire de Son ALTESSE.
Avec Privilege. M. DC. XXXIII.

TABLE ALPHABETIQUE
DES
MARCHANDISES ET DENRE'ES

Contenues dans le Tarif ci-dessus, des Droits d'Entrée & d'Issue Foraine, du 4. Décembre 1604.

Les Chiffres mis avant les Articles de la présente Table, indiquent les Articles du Tarif, auxquels il faut recourir pour regler la perception du Droit.

POUR L'ENTRE'E.

POUR L'ISSUE.

60 Poudre de guerre.
16 Poulain.
15 Poutres ou Jumens.

Q

85 Quincallerie.

R

8 Ris.
85 Rosette.

S

37 Sablieres.
85 Saffran.
60 Salpêtre.
85 Satin de Bruges & de Tournay.
63 Satin de soye.
36 Saumons & autres semblables.
5 Seigle.
40 Seilles.
32 Selliers, (ouvrages de)
9 Semence de Navets & Navette.
12 Semence d'oignons.
63 Serges de soye.
72 Serviettes.
57 Serruriers, (ouvrages de)
37 Seuils, espéces de bois.
37 Sommiers. L'Arrêt de la Chambre des Comptes de Lorraine, du 4. Septembre 1734. faisant Réglement pour les bois de sapin transportés par eau, à réputé pour un chariot attelé de six chevaux, un sommier, à un pareil chariot deux sommier de récharge.
85 Souffre.
31 Souliers.
85 Soye
35 Stokvis & autres semblables.
85 Sucres de toutes sortes.
25 Suif.

T

39 Tables.
40 Tandelins.
69 Tapis.
84 Tapisserie.
54 Thuille.
69 Tiretaine.
72 Toille.
40 Tonneaux.
45 Tourneurs, (ouvrage de)
37 Trez.
69 Trilly.
85 Tripes de Velours.

V

18 Vaches.
44 Vans, Vanettes, & autres ouvrages de Vannier.
20 Veaux de lait.
63 Velours.
85 Verd de gris.
77 Verres, (gros barrots & flacons de)
78 Verres, (menus)
70 Vieux drapeaux.
1 Vin du Pays & étrangers.
40 Ustanciles de bois quelles qu'elles soient.
58 Ustanciles de fer.

ORDONNANCE

TOUCHANT

Les Marchandises qui passent par le Pays, sans déballer.

Du premier Septembre 1615.

I.

HENRY, par la grace de Dieu, Duc de Lorraine, Marchis, Duc de Calabre, Bar, Gueldres, Marquis du Pont-à-Mousson & de Nommeny; Comte de Provence, Vaudémont, Blamont, Zutphen, &c. A tous qui ces présentes Lettres verront; SALUT. Chacun sait le soin que Nous avons eû jusques ici de rendre les Passages de nos Pays libres & assûrés, & les Chemins bons & aisés pour toutes sortes de Marchandises, qu'on a voulu y faire traverser & conduire; de façon que, Dieu merci, il est arrivé ou peu ou point d'inconvéniens à ceux qui en ont entrepris le hazard: ores que pour être nosdits Pays situés entre plusieurs & divers Voisins, remplis de Montagnes, Forêts & Chemins raboteux & fangeux, l'un & l'autre sont assez difficiles, & ne peuvent être maintenus qu'avec grands frais & dépens, lesquelles néanmoins sommes délibérés de soûtenir & continuer à ne rien épargner de tout ce qui sera en notre pouvoir, tant pour la bonification desdits Chemins, que pour les tenir en toutes assûrances contre les courses & invasions des Voleurs & Larrons, dont le nombre n'est que trop fréquent aujourd'hui : Et que les Marchands & Voituriers qui voudront prendre cette brisée, soient assûrés que dans nosdits Pays ils ne trouveront que toutes sortes d'amitiés, faveurs & secours. Mais nous avons aussi estimé juste & raisonnable, que ceux qui participeront à une si grande commodité, ne pourront moins que de nous aider à supporter partie desdits frais, pourvû que ce soit avec la moindre charge & détourbier de leur trafic, qu'il soit possible. C'EST POURQUOI ayant bien & mûrement délibere en notre Conseil, qui se pouvoit & devoit faire en cet endroit touchant les Marchandises seulement, lesquelles, sans déballer, traversent dans nosdits Pays ; Nous, par avis des Gens d'icelui Conseil, avons déclaré & ordonné, déclarons & ordonnons, que dorénavant, à commencer au premier jour de l'année suivante 1616. tant seulement, afin que la publication des Présentes étant faite jours après autres en chacune de nos Villes frontiéres, & envoyées même aux voisins, personne n'en puisse prétendre cause d'ignorance ; toutes lesdites Marchandises qui seront conduites, & devront passer par nosdits Pays, ailleurs que par notre Ville de Nancy, & prendront à l'entrée d'iceux en chacune desdites Villes frontiéres, ou lieu à ce désigné, leur Acquit dudit passage, des mains de nos Receveurs & Controlleurs, ou de celui qui y sera par eux établi, & y payeront la redevance telle que s'ensuit.

Marchandises qui doivent le droit de Traverse, sur quoi il faut voir l'Art. 9. ci-après.

Le droit doit être payé à l'entrée des Etats pour les Marchandises qui ne viennent pas la route de Nancy.

II.

Sa quotité sur les Marchandises venant d'Italie.

Par chacune Casse ou Balle venant d'Italie, qui sera de Draps ou Etoffes d'Or, d'Argent ou de Soie, & autres du poids de deux cens livres la Casse, trois frans de notre monnoye, qui est à raison de dix-huit gros le cent pesant.

III.

Idem sur celles venant de Flandres & Pays-Bas.

Pour celles qui viennent des Pays-Bas, & sont, pour la plûpart, Camelots, & autres Etoffes légéres, façonnées ou simples, un franc de notre monnoye le cent pesant.

I V.

Pour celles d'Allemagne, France & Bourgogne, qui sont Marchandises de moindre prix, & de plus de poids, comme aussi pour les grosses d'Italie, neuf gros le cent pesant; & pour les Ferrailles & Clinquailleries, six gros.

Idem sur celles d'Allemagne, France, Bourgogne.

V.

Non compris toutefois (en icelles Marchandises) les Toilles de Lin ou Chanvre, pour lesquelles déja a été ordonné par cydevant, & ne voulons ni entendons y deroger, ou apporter aucun changement pour le présent, non-plus qu'aux Droits d'Issuë ou Traite Foraine, & autres anciens Péages.

Le Droit d'Impôt sur les Toilles.

L'Entrée, Issuë-Foraine & Haut-Conduit doivent être payés outre & pardessus ledit Droit de Traverse.

V I.

Que si ceux qui conduiront lesdites Marchandises, veulent prendre leur chemin par ledit Nancy, ce sera assez qu'ils notifient auxdits Receveurs & Controlleurs, ou leurs Commis, ce qui est de leur intention, & qu'ils prennent d'Eux Billet de Passeavant, qui devra leur être donné gratuitement. Et étant audit Nancy, payeront au Bureau qui y sera établi, ladite redevance avec moindre frais, savoir du cent pesant de Casses ou Balles d'Italie, comme ci-dessus sont exprimées, quatorze gros; de celles des Pays-Bas, dix gros; des autres d'Allemagne, France, Bourgogne, & des grosses Marchandises aussi d'Italie, six gros; & desdites Ferrailles & Clinquailleries, quatre gros.

Il a été ordonné par l'Art. 24. de la Déclaration du Roi, du 18. Mai 1750. faisant Bail à Louis Diérrich, que les Voituriers qui tiendront la Route de Nancy, seront obligés de prendre au premier & plus prochain Bureau de leur Route un Acquit à Caution, pour sûreté du droit de Traverse.

V I I.

Seront lesdits Conducteurs tenus & obligés de laisser les Acquits de Paye, qu'ils auront tirés à ladite entrée de nos Pays, ou audit Nancy, ès mains des Receveurs & Controlleurs, ou de leurs Commis, en la derniere Ville, ou lieu établi de la sortie d'iceux nos Pays, pour servir de Controlle aux autres, si besoin est.

Les Conducteurs des Marchandises laisseront leurs Acquits, soit à Nancy, ou au dernier Bureau de Lorraine.

V I I I.

Et d'autant qu'il pourroit arriver quelque difficulté touchant ledit poids, qui obligeroit les Voituriers de décharger leurs

Représenteront leurs Lettres de Voiture, pour sur

Chars & Charettes, afin de faire payer lesdites Marchandises, ce qui leur apporteroit de l'incommodité & retardement; notre intention est que l'on ne vienne à ce reméde, qu'à toute extrémité, ains qu'on traite le plus doucement & favorablement avec lesdits Voituriers, que faire se pourra; & qu'à cette occasion soit ajoûtée foi aux Lettres de Voiture qu'ils exhiberont, valablement signées & attestées du lieu où ils auront chargé; Nous réservant néanmoins par après, de remédier aux abus qui s'y commettroient, par telles autres voies que jugerons être de raison, & d'ajoûter ou diminuer au présent établissement, ce que Nous trouverons de mieux, & que le tems découvrira être utile & nécessaire.

I X.

Les Etrangers & les Sujets sont tenus d'acquitter le droit, à peine de confiscation des Marchandises, Chars, Charettes & Chevaux.

Marchandises exceptées du droit.

Ulterieure spécification de celles qui le doivent.

Défendons aussi auxdits Marchands & Voituriers, soient nos Sujets ou autres, de faire passer lesdites Marchandises d'un Pays étranger à l'autre, soit par Nancy ou ailleurs, dedans nos Pays, sans acquitter le Droit du passage susdit, sous peine de confiscation de leurs Chevaux, Chars ou Charettes: bien entendu que ceci ne comprend les Marchandises qui sont conduites & menées dans nosdits Pays, pour y être débitées, mais seulement celles qui, sans être déballées, viennent de France, Allemagne, Italie, Pays-Bas & Bourgogne, & passent de l'un à l'autre.

X.

Ordonnons au Sieur Comte de Tournielle, Sur-Intendant de nos Finances, Présidens, & Gens de nos Chambres des Comptes de Lorraine & Barrois, d'envoyer Copie du présent Etablissement à tous & un chacun les Receveurs & Controlleurs de notre Domaine; afin qu'après ladite publication faite ès Villes & lieux de leur Office, & commençant au premier jour de l'an suivant, comme dit est, tiennent soigneusement la main à ce que nulles des Marchandises susdites sortent hors de nosdits Pays, sans avoir acquitté ledit Droit de passage, demeurant le tiers du profit de la reprise à celui qui l'aura faite: mais à charge aussi de ne commettre aucune exaction sur lesdits Voituriers, ni de les molester, fatiguer ou arrêter; ains tenir en chacune desdites Villes frontiéres, & lieux pour ce établis, une Maison ouverte, avec un Tableau au-dessus, portant que c'est là qu'il faut acquitter ledit Droit de passage, ou prendre le Billet de Passavant susdit, avec la présente Ordonnance y affichée, afin que lesdits Voituriers en soient d'autant mieux informés, & puissent être plus promptement expédiés.

SI DONNONS EN MANDEMENT à tous nos Baillifs ou leurs Lieutenans, de faire publier ladite Ordonnance, chacun ès Villes frontiéres de leur Bailliage, & autres lieux pour ce accoûtumés; & tant à eux, qu'à nos Prévôts, Procureurs-Généraux, leurs Substituts, & autres nos Officiers, Justiciers & Sujets qu'il appartiendra, de la faire garder & observer de toutes parts; & en cas de difficulté, administrer aux Parties bonne & briéve Justice, sans souffrir ni permettre que, par longue contestation ou autrement, les Conducteurs ou Voituriers des Marchandises susdites, soient empêchés ou détournés de suivre leur chemin: Car ainsi Nous plaît.

DONNE' à Nancy, sous notre Scel secret, le premier Septembre mil six cens quinze.

Signé à l'Original, HENRY.

Et plus bas; PAR SON ALTESSE,

Les Sieurs Comte de Tournielle, Grand-Maître de l'Hôtel, & Sur-Intendant des Finances; de Lenoncourt, Primat; De Stainville, Doyen de la Primatiale; d'Anglure, Gentilhomme de la Chambre; de Ragecourt de Malnoison, Maître aux Requêtes; de Marainville, Président des Comptes de Barrois; Veillot, Secrétaire d'Etat; de Pullenoy, Trésorier Général des Finances; de Crémont, aussi Secrétaire d'Etat; Remy, Procureur Général de Lorraine; d'Avrilot, Auditeur & Greffier desdits Comptes de Barrois; & Royer, Maître aux Requêtes Ordinaire; présens.

Et pour Secrétaire, J. VOILLOT.

ORDONNANCE

Concernant l'Impôt sur les Toiles, Fil, Chanvre, & toutes autres espéces.

Du deuxiéme Décembre 1629.

I.

CHARLES, par la grace de Dieu, Duc de Lorraine, Marchis, Duc de Calabre, Bar, Gueldres; Marquis du Pont-à-Mousson & de Nommeny, Comte de Provence, Vaudémont, Blamont, Zutphen, A tous ceux qui verront les Presentes, SALUT. Avons reçu l'humble supplication des Fermiers de l'Impôt des trois frans par cent pesant, ci-devant mis sus en nos Pays pour la Sortie des Toiles, tant étrangeres que façonnées en iceux; lesquelles aucuns Particuliers, tant de nos Sujets, qu'autres, y font entrer, traverser, & en sortir, pour les mener & conduire en Pays étrangers: Contenant, que bien que par la disposition du Droit, tant divin qu'humain, tous Particuliers & Marchands soient obligés en conscience & de justice, à s'acquitter fidellement de tous Péages, Impôts & Gabelles, légitimement & pour le bien & nécessités des Etats ausquels ils se payent, mis sus & établis, comme est celui desdits trois frans pour la sortie desdites Toiles, & que d'ailleurs il auroit été fort expressément commandé & ordonné par feuë, de très heureuse mémoire, SON ALTESSE, notre très honoré Seigneur & Pere, dès le vingt-cinquiéme jour de Janvier 1611. que toutes personnes indifféremment, de quelle qualité & condition qu'elles fussent ou puissent être, qui feroient entrer & traverser par nosdits Pays, Terres & Seigneuries, soit à Col, Chevaux, Chars, Charettes, Anes, Mulets, quelques sortes ou espéces de Toiles, Linceuils, Nappes, Serviettes, Filets, Filaces, Trillis, Bougrands, tant teints que non teints, qu'autres espéces de Marchandises bâties, tissuës & façonnées de Chanvre ou Lin, comme on les puisse appeller, dire & qualifier, ou autrement, en acheteroient & leveroient en quelques lieux, contrées & endroits desdits nos Pays, pour les en faire sortir & transporter en Pays étrangers; feront tenus & obligés payer pour chacun cent pesant, & à l'équipolent, la susdite somme de trois frans, à peine contre les Contrevenans de confiscation, tant desdites Marchandises, qu'autres choses, qui se trouveroient avec icelles, ensemble des Chevaux, Chars, Charettes, Anes & Mulets, sur lesquels lesdites Marchandises seroient chargées & voiturées; si est-ce que plusieurs peu soucieux de l'acquit de leur devoir, & peu retenus par la rigueur desdites Ordonnances, s'ingérent tous les jours à chercher nouveaux moyens, pour, à notre préjudice, & d'Eux Remontrans, frauder lesdits Impôts; faisant en diverses sortes & manieres sortir Denrées & Marchandises hors nosdits Pays, sans en acquitter ledit Impôt : Nous supplians à ce moyen, qu'en confirmant l'Ordonnance susdite, & en renouvellant plusieurs autres déja ci-devant faites & établies pour obvier auxdites fraudes, voulussions y pourvoir & remédier. DE CE EST-IL, que le fait diligemment examiné tant en notre Conseil, qu'en notre Chambre des Comptes de Lorraine; Nous avons, par l'avis tant de nos très chers & feaux les Gens de notredit Conseil, que des Sur-Intendant & Chefs de nos Finances, Président, Conseillers & Auditeurs de notre Chambre, en confirmant ladite Ordonnance premiere, & émanée sur l'établissement dudit Impôt, ensemble les peines & confiscations y indites, pour ainsi empêcher lesdits abus & fraudes & déceptions.

Détail des espéces de Marchandises sujettes au droit d'Impôt de trois frans par cent pésant & à l'équipolent.

Le droit sera acquitté à peine de confiscation.

L'Ordonnance du 25. Janvier 1611. confirmée.

II.

Dit, établi & ordonné, disons, établissons & ordonnons, conformément à autres Ordonnances déja ci-devant en divers tems aussi sur ce faictes & établies, & signament à celle du vingt-huit Juillet mil cinq cens nonante, & dix Août nonante-huit, que d'orésnavant tous Marchands, Chartiers, Voituries & autres, tant de nos Pays qu'étrangers, qui feront entrer, ou leveront en nosdits Pays, Toiles, Linceuils, ou autres desdites espéces sujettes audit Impôt de trois frans par cent, & les feront conduire, passer & traverser par le Neuf-Château, Lieux, Villages, & Châtellenies voisinieres Bailliages du Bassigny, Sarte & Pompieres; pour icelles Marchandises mener, conduire & transporter en France, Bourgogne, & autres lieux étrangers.

Les Toiles & autres espéces déclarées sujettes au droit d'Impôt que l'on fait entrer dans les Etats, ou que l'on y léve pour les conduire en Pays étrangers, doivent ledit droit, & il doit en être pris Acquit de Paye aux Bureaux désignés par cet Article & les suivants.

III.

Devront acquitter ledit Impôt de trois frans, au Bureau pour ce établi audit Neuf-Château, & y prendre Acquit de Paye; sinon où ils voudront débiter lesdites Marchandises, qu'ils feront ainsi passer par ledit détroit, en quelques lieux & endroits de nosdits Pays, seront seulement obligés de prendre audit Bureau Acquit de Caution; moyennant lequel, & en rapportant Certificat suffisant dedans le tems y porté, pour décharger les Cautions, ils demeureront quittes dudit Impôt: faute de quoi, & d'avoir fait l'un ou l'autre, ils tomberont ès peines de nosdites Ordonnances. Que pour celles qui sont chargées ès Villes & lieux des Bailliages de Châtel, Epinal, & autres endroits des Prévôtés & Recettes voisinieres, pour conduire & transporter en France, Bourgogne, Allemagne, Suisse & autres Pays étrangers; les Marchands & autres Particuliers, devront en acquitter ledit Impôt au Bureau dudit Epinal, & y prendre Acquit de Paye ou de Caution, comme ci-dessus, & sous les mêmes peines.

Si les Marchandises d'une espéce à payer le droit d'Impôt sont destinées à être débitées dans les Etats, il sera pris Acquit à Caution aux Bureaux mentionnés par cet Article & les suivants.

IV.

Et pour le Bailliage de Bar, y compris les Bourgs, Villes, Villages, Censes & Métairies des Ecclésiastiques & Vassaux dudit Bailliage, Recettes & Châtellenies en dépendantes, ledit Impôt se payera en notredite Ville de Bar, où s'y prendra Acquit de Caution.

V.

Pour le Bailliage de Clermont, n notre Ville de Varenne, pour les Marchandises qui y seront levées, ou y passeront & traverseront; & de même pour celles qui se leveront, conduiront & traverseront par les détroits des Villes, Prévôtés & Châtellenies de notre Bailliage de S. Mihiel, pour être menées & conduites ès Pays-Bas, & autres lieux étrangers; s'en devra acquitter ledit Impôt en notre Ville de S. Mihiel, ou y être pris Acquit de Caution.

V I.

Et pour celles qui se leveront, ou traverseront en quelques lieux & endroits de notre Marquisat du Pont-à-Mousson, ledit Droit s'en acquittera au Bureau pour ce établi en notredite Ville du Pont, où s'y prendra Acquit de Caution.

V I I.

De même au lieu de Thiocourt, par tous ceux dudit lieu, ou autres, quels ils soient, qui y leveront ou feront traverser aucune sorte & espéce desdites Marchandises, si donc ce n'est (pour celles qu'ils feront traverser) que deja ils en aient acquitté l'Impôt en autre Bureau, ou y prins Acquit à Caution.

V I I I.

Motifs de l'établissement d'autres Bureaux que ceux spécifiés aux Articles ci-dessus.

Et comme en outre il peut être expédient tant à nosdits Fermiers, que Partineurs & Marchands trafiquans & traversans par & en nosdits Pays, avoir & tenir Bureaux en autres endroits, lieux & contrées d'iceux, pour ainsi obvier à trop d'incommodités qu'aucuns desdits Particuliers & Marchands pourroient recevoir, s'ils étoient absolument contraints acquitter en aucuns desdits lieux de Bureaux ordinaires.

I X.

Permission au Fermie d'établir des Bureaux où il jugera à propos.

Nous avons, pour le bien & soulagement des uns & des autres, permis & permettons auxdits nos Fermiers, présens & à venir, mettre sus & établir Bureaux en autres lieux & endroits desdits nos Pays, qu'ils jugeront le plus à propos, & ſinguliérement pour les Bureaux d'Epinal & Neuf-Château, des Villes de Valdrevanges, Salbourg, & Bourg de Sainte-Marie-aux-Mînes, Remiremont, Mircourt, Plombiéres, Fontenoy, la Marche, Damblain, Liffol-le-Grand, & Gondrecourt.

X.

Et pour les Bureaux du Duché de Bar à Rambercourt-aux-Pots, Dun, Stenay, Longuyon, Longwy, Sancy & Bony, en tous & chacun deſquels lieux, & autres qu'ils aviſeront expédient, y mettront & tiendront Commis, ſi faire le veulent, pour recevoir leſdits Droits d'Impôts, & fournir Acquits de Paye à ceux qui paſſant, les voudront acquitter.

X I.

Dans les lieux où il y a Bureaux, l'Acquit du droit y doit être levé avant que d'en tranſporter ni faire ſortir la Marchandiſe.

Voulant néanmoins, pour tant plus facilement obvier auxdites fraudes, que tous Marchands & Particuliers qui leveront aucunes deſdites Marchandiſes, pour les tranſporter & faire ſortir hors noſdits Pays, en lieux où il y aura Bureau établi, que premier, & avant que les en tranſporter & faire ſortir, ils en acquittent fidellement ledit Droit d'Impôt, à peine, où ils ſeroient trouvés en avoir fait autrement, de confiſcation deſdites Marchandiſes, Chevaux, Chars, Charettes, Anes & Mulets, qui les porteront; & de quoi, ſi requis en ſont, ils devront ſe purger par ſerment.

X I I.

Tableau mis pour indiquer le Bureau.

Et à ce que les lieux deſdits Bureaux ſe puiſſent tant plus facilement reconnoître par leſdits Marchands, Chartiers, & autres Particuliers, obligés à payer leſdits Impôts; Nous voulons que leſdits Fermiers ayent & tiennent en chacun deſdits lieux, une Maiſon aſſûrée & particuliere, deſtinée à la Recette deſdits Impôts, laquelle ſoit marquée & notifiée par un Tableau mis & appendu au-devant d'icelle, auquel nos Armes ſoient empreintes, & y écrit en groſſes lettres: *Ici eſt le Lieu où ſe doit acquitter le Droit d'Impôt des Toiles & autres Linges.*

XIII.

Faculté de retenir les Acquits en donnant un Passe-avant au place.

Nonobstant lesquels Acquits, demeureront lesdits Marchands, Chartiers & autres qui auront ainsi acquitté lesdits Impôts en aucun desdits Bureaux, tenus & obligés, à l'issuë de nosdits Pays, montrer aux Commis des lieux où ils passeront, si requis en sont, les Acquits de Paye qu'ils en auront pris; lesquels Acquits iceux Commis pourront retenir, si faire le veulent, en donnant auxdits Marchands un Passe-Avant pour la décharge de leursdites Marchandises.

XIV.

Habitans de Metz, Pays Messin, &c. payeront le droit d'Impôt sur les Marchandises sujettes à ce droit, qu'ils feront passer & sortir pour être conduites & débitées dans les Pays étrangers, mais en seront exempts sous la formalité de l'Acquit à Caution, s'ils les conduisent chez eux.

Et à l'égard des Marchands & autres Particuliers, Bourgeois & Habitans des Villes de Metz, Pays Messin, Terre & Seigneurie de Gorze, & autres lieux enclavés dans nosdits Pays, qui ont obtenu de Nous, ou de nos Prédécesseurs Ducs, pouvoir, privilége, liberté & permission de prendre & lever en nosdits Pays, toutes sortes de Denrées & Marchandises, & y faire passer & traverser étrangéres, pour mener, conduire & débiter èsdits lieux & Pays de leurs résidences, en acquittant seulement les anciens Droits d'Impôts & Péages. Nous, en entendant que lesdits Marchands, & autres Particuliers, soient pleinement & fidellement entretenus en la joüissance desdits leurs pouvoirs, priviléges, libertés & exemptions, & qu'à ce moyen ils demeurent quittes & exempts dudit Droit d'Impôt de trois frans par cent pesant pour toutes les Toiles, Nappes, Serviettes, & autres des espéces susdites, sujettes audit Impôt, qu'ils leveront, en nosdits Pays, ou bien y feront passer & traverser, pour mener, conduire & débiter èsdits lieux de leurs résidences. Voulons pour ainsi en aucune façon remédier aux abus & fraudes ordinaires, lesquelles aucuns desdits Bourgeois & Habitans, ou autres, soit étrangers ou de nos Pays, empruntant leurs noms, commettent ès levées & transports desdites Toiles, Nappes, Serviettes, & autres espéces sujettes audit Impôt, en les transportant & faisant passer en Pays étrangers, sous prétexte & couverture de les vouloir mener, conduire, décharger & débiter èsdits Pays exempts & privilégiés, en quoi ils défraudent non seulement nos Droits dudit Impôt, mais fournissent à autres les moyens de les frauder, ſi tant eſt qu'ils en faſſent les levées ou conduites, pour inſtamment les faire paſſer, mener & conduire, tranſporter & débiter ès Pays étrangers ſujets auxdits Droits d'Impôt & de quoi, s'ils en ſont requis, ils auront à s'en purger par ferment, qu'inſtamment & auſſi-tôt ils en payent & acquittent le Droit, & où ils diront les lever, ou faire paſſer, pour mener, conduire & débiter èſdits Pays de leurs réſidences, ils ſoient tenus, ſi tant eſt qu'ils levent ou faſſent paſſer leſdites Marchandiſes, pour en trafiquer, & non pour les ſeuls uſages de leurs familles & maiſons, donner Acquit de Caution des Bureaux des lieux, èſquels ils les leveront ou feront paſſer, portant déclaration de leurs noms, ſpécification des lieux èſquels ils prétendront les conduire, décharger & débiter, & témoignage de la qualité & peſanteur deſdites Marchandiſes, Et cela fait prendre Paſſe-Avant des Commis deſdits Bureaux, qu'ils feront tenus & obligés leur fournir & délivrer, ſans que, pour cela faire, ils puiſſent rien qui ſoit prendre ou exiger pour de-là dedans quarante jours renvoyer èſdits Bureaux Certificat atteſté des Officiers des lieux èſquels ils les auront conduits & déchargés, de la conduite, décharge & débit en y fait.

X V.

Les Habitans de l'Evêché de Metz tenus de ſe conformer, par rapport au droit d'Impôt & aux autres droits à ce qui en a été reglé par les Traités.

Et pour les Sujets de l'Evêché de Metz, Nous voulons & entendons qu'ils ſoient réglés pour les levées & tranſports deſdites Toiles, Nappes, Serviettes, & autres eſpéces ſujettes audit Impôt, ſelon & conformément aux Traités & Accords que Nous avons avec eux, & particuliérement à celui qui fut le 25. Septembre en l'année mil ſix cens & dix, paſſé & convenu au lieu de S. Nicolas, entre les Députés de M. le Cardinal de Givry & les nôtres; auxquels leſdits Sujets auront, à l'égard deſdites Marchandiſes, de même que pour autres y exprimées, à ſe régler & conformer, à peine, contre les y contrevenans, des ſuſdites amandes & peines de confiſcation. Et pour leſquelles, en cas de conviction, ils pourroient être convenus par les voyes & moyens de Droit & pratique ordinaire; N'entendons que les Franchiſes accordées tant aux Foires de notre Bourg de S. Nicolas, que d'autres lieux, puiſſent préjudicier audit Impôt; ains demeureront ceux qui auront levé èſdites Foires aucunes des prédites Marchandiſes, pour les tranſporter en Pays étrangers, obligés à en acquitter

Les franchiſes accordées tant aux Foires de S. Nicolas qu'autres lieux ne préjudicient point au droit d'Impôt.

l'Impôt, de même que s'ils les avoient achetées en autre lieu & en autre tems. Et comme il arrive assez souvent que les Sujets qui sont sur les frontiéres desdits nos Pays, pour ainsi défrauder nosdits Impôts, transportent hors de nosdits Pays lesdites Marchandises secrettement & en cachette, tant de jour que de nuit; Nous voulons & entendons que où quelqu'un sera atteint & chargé d'avoir fait tel transport, qu'il soit aussi-tôt pour ce contre lui informé; & qu'en étant duëment convaincu, il soit condamné ès susdites peines de confiscation, voire, en cas de surpreuve, obligé se purger par serment sur lesdits transports faits ou non faits. Et d'autant que, pour soigner à la recherche des mésus qui se pourroient commettre contre nosdites Ordonnances, il sera de besoin que nosdits Fermiers aient plusieurs Gardes & Commis, Nous leur avons permis & octroyé, permettons & octroyons, qu'ils puissent par tous & un chacun des lieux desdits Bureaux & Passages, & autres qu'ils verront bon à faire, commettre & députer Gardes ou Commis, pour faire chevaucher par tous nosdits Pays, vaquer à la recherche dudit Impôt, & fraude commise au payement d'icelui, avec pouvoir & puissance de poursuivre par-tout ceux qu'ils estimeront y avoir contrevenu; & les ayant attrapés, visiter, reconnoître & arrêter, si besoin fait, leurs Marchandises, Chars, Charettes & Chevaux, sans que pour ce faire il soit besoin qu'ils prennent Commission, Visa ou Paréatis des Juges ordinaires des Lieux où ils auront fait leurs reprises & arrêts.

Cas auquel la preuve par témoins est admise contre ceux qui fraudent le droit.

Permission d'établir Commis & Gardes.

XVI.

Enjoignons à tous nos Officiers, Hommes & Sujets sur ce requis, leur prêter toute aide, faveur & assistance, avec défense & inhibition expresse de favoriser lesdits Marchands en leurs fraudes, recelemens ou latitations de leursdites Marchandises, soit directement ou indirectement, à peine de cinquante frans d'amande contre tous ceux de nosdits Sujets, qui seront convaincus en avoir fait & usé autrement.

Injonction à tous Officiers & Sujets de porter ayde & secours aux Commis avec deffenses de favoriser les fraudes.

XVII.

Mandons à tous & un chacun nos Juges ordinaires des Lieux, où telles Saisies & Reprinses auront été faites, que le Rapport d'icelles d'icelles à eux fait par nosdits Fermiers, leurs Commis ou autres, ils aient à en connoître, juger & ordonner sommairement & de plein, & faire aux Parties, bien & duëment ouïes, bonne & briéve Justice, à la conservation de leurs Droits, & suivant nos présentes Ordonnances, sans qu'ils y puissent, en façon qui soit, déroger ni en connoître, ou diminuer les peines.

Reprises seront jugées sommairement & les peines portées par les Ordonnances ne pourront être modérées.

XVIII.

Et finalement, comme lesdits Fermiers pourroient recevoir grands & notables intérêts, s'ils étoient contraints poursuivre leurs Receveurs ou Commis, pour les deniers par eux reçus ensuite de leurs Charges & Commissions, & pour les contraindre à leur en rendre compte par-devant leurs Juges ordinaires; Nous avons, de notre autorité Princiere & Souveraine, donné & attribué la connoissance de tous les differends qui pourroient naître entre lesdits nos Fermiers, leurs Receveurs ou Commis, à cause de leurdite Commission, à nos très chers & feaux les Baillifs ou leurs Lieutenans des Lieux, où lesdits Receveurs ou Commis auront leur domicile & résidence, & ce privativement à tous autres Juges, pour desdits differends en connoître & juger, & en ayant jugé, faire mettre en entiere exécution tout ce que par eux en sera dit, jugé & sentencié, nonobstant toutes oppositions, appellations, plaintes, ou autres empêchemens faits au contraire; & néanmoins, sans préjudice d'iceux, en donnant toutefois Caution bonne & solvable par nosdits Fermiers, pour restitution des choses ainsi acquittées, le cas échéant.

Attribution de Jurisdiction pour les contestations entre le Fermier & ses Commis.

Jugemens seront mis à exécution nonobstant oppositions, appellations, &c.

SI DONNONS EN MANDEMENT à tous nos Baillifs, leurs Lieutenans Généraux ou Particuliers, Présidens des Comptes de Lorraine & Barrois, nos Prévôts, leurs Lieutenans, Procureurs Généraux, leurs Substituts, nos Mayeurs & à tous autres nos Juges, Officiers, Hommes & Sujets qu'il appartiendra, que les présentes Ordonnances, duëment publiees, ils les fassent, chacun à son égard, soigneusement & bien exactement effectuer de point en point; & procédant contre les Contrevenans sans connivence ou acception de personne : CAR AINSI NOUS PLAÎT. En témoin de quoi Nous avons signé Cestes de notre main, & à icelles fait mettre & apposer en placard notre Scel secret.

DONNÉ en notre Ville de Nancy le deuxiéme jour de Décembre mil six cens vingt-neuf.

Signé, CHARLES.

Et plus bas, PAR SON ALTESSE,

Les Sieurs Comte de Tornielles, Grand-Maître de l'Hôtel, & Sur-Intendant des Finances; Renel, Président des Comptes de Lorraine; Voillot; Janin, Sécretaire d'Etat; Pistor le Begue, Sécretaire des Commandemens; & de Pullenoy, Trésorier Général; presens.

Registrata, COURCOL.

PISTOR LE BEGUE.

ÉDIT

Portant réduction des Droits d'Entrées & Sorties, Impôts de Frédaux & des Toiles, avec le Réglement sur iceux.

Du 23. Avril 1665.

CHARLES, par la grace de Dieu, Duc de Lorraine, Bar, Gueldres, Marquis du Pont-à-Mousson & de Nommeny; Comte de Provence, Vaudémont, Blamont, Zutphen, Sarwerden, Salm, &c. A tous présens & à venir; SALUT. L'amour que Nous avons pour le bien de nos Sujets, & le désir de réparer, autant qu'il Nous est possible, les ruines que les guerres passées leur ont causées, Nous ont fait rechercher toutes sortes de moyens, pour pourvoir à leur soulagement; & entr'autres, Nous avons jugé que les Manufactures & le Commerce étoient les meilleurs. Aussi Nous avons donné toutes nos applications, pour en faire le rétablissement; & à cet effet, sur les plaintes qui Nous auroient été portées des véxations que faisoient les Commis du Fermier du Droit d'Entrée & Issuë-Foraine, Impôt, Frédault, Haut-Conduit, grand & petit Passage, Nous aurions supprimé ladite Ferme & en révoqué le Bail par nos Lettres

Patentes du Octobre dernier, & réduit au quart ledit Droit d'Entrée & Iſſuë-Foraine, dont Nous aurions commis la levée & perception, enſemble des autres Droits de Haut-Conduit, grand & petit Paſſage, aux Receveurs de notre Domaine ordinaire, chacun dans l'étenduë de ſon Office; mais par le dol & la fraude de ceux qui doivent leſdits Droits, & par la négligence qui a été apportée à la perception d'iceux, ils ſont demeurés comme anéantis, ſans que pourtant nos Sujets en aient été ſoulagés, ni que le débit en ait été augmenté. Ce qui Nous a obligé de faire examiner de nouveau le Tarif, ſur lequel dit Droit d'Entrée & Iſſuë-Foraine ſe levoit & percevoit auparavant, & ceux ſur leſquels ils ont été exigés pendant les guerres; que Nous avons trouvés avoir été chargés & augmentés ſans régle & ſans meſure; que ledit Droit d'Impôt Frédault eſt la même choſe que le Droit Domanial d'Entrée & Iſſuë-Foraine; qu'en icelui peut & doit être compris l'Impôt de trois frans pour cent, qui ſe levoit avant les guerres ſur toutes les Toiles, Fils & Filaces qui ſe façonnoient en nos Pays & Etats; ce qui Nous a donné lieu de faire un nouveau Tarif dudit Droit d'Entrée & Iſſuë-Foraine, & de le réduire, enſorte qu'il ne puiſſe nuire au Commerce de nos Sujets, & diſtribution de leurs Manufactures, Marchandiſes & Denrées; à la fin duquel Nous avons fait inſérer une Conférence des Elémens des Monnoyes, avec leſquels les comptes ſe font en noſdits Pays & Etats, pour faire connoître que le dénier de noſdits Pays, qui autrefois étoit la même choſe que le Phenning du Rhin, n'en eſt pas à préſent la ſeptiéme partie, ni de ſa valeur au tems que leſdits Droits ont été établis par les Edits & Réglemens des Ducs nos Prédéceſſeurs, leſquels Nous ont été repréſentés, notamment celui du 27. Janvier 1597. par lequel il eſt ordonné que les Receveurs ou Fermiers deſdits Droits d'Entrées & Iſſuës-Foraines, pour les Marchandiſes & Denrées qui ſe tranſporteront hors de nos Pays & Etats, ou qui y entreront, établiront un, deux, trois ou quatre Bureaux, & plus, s'il y échet, ſelon l'étenduë de la Province, & lieux de leurs Recettes ou Admodiations; auxquels Bureaux les Marchands, & toutes autres perſonnes de noſdits Pays, ou Etrangers, conduiſant ou faiſant conduire leſdites Marchandiſes & Denrées, ſeront tenus aller acquitter & payer au plus proche Bureau des lieux où

Etabliſſement des Bureaux.

ils voudront fortir ou entrer, lefdits Droits d'Entrées ou Iffuës-Foraines, foit que les Vins ou autres Denrées viennent ou procédent de leur crû, rentes ou revenus, ou non; èfquels Bureaux ils feront tenus prendre Acquit de Paye defdits Receveurs ou Fermiers, ou de leurs Commis & Prépofés, portant les fommes qu'ils auront payées, & pour quelles Marchandifes, Vins ou autres Denrées ils auront acquitté; & ce à peine de confifcation defdites Marchandifes, Vins & autres Denrées, & des Chars, Charettes, Chevaux, & autres Beftiaux qui les conduiront ou porteront, en cas qu'il fe trouvera iceux avoir paffé outre lefdits Bureaux, ou déchargé, fans y avoir payé & pris Acquit de Paye defdits Droits. Que s'ils chargent Marchandifes, Vins, ou autres Denrées dans nos Pays fur les frontiéres, ès lieux où il ne fe trouvera Bureau établi, pour y payer & prendre Acquits, ils feront tenus aller au plus prochain Bureau de l'Office ou Châtellenie en laquelle ils auront chargé, & y fatisfaire, avant que les pouvoir charger, ni emporter ou conduire, fous pareilles peines de confifcation. Et s'il fe trouvoit entre lefdites Marchandifes ou Denrées, autres que celles pour lefquelles le Droit aura été payé, & contenu en l'Acquit qui en aura été levé, tout ce qui fera trouvé non acquitté, fera & demeurera acquis & confifqué, avec lefdits Chars, Charettes, Chevaux & autres Beftiaux, fur lefquels il fe trouvera chargé, conduit ou porté. Et tous ceux des Pays étrangers, qui auront fait tranfporter hors de nofdits Pays quelques Marchandifes, Vins, ou autres Denrées, ou en fait entrer en iceux, fans avoir payé ledit Droit ni pris Acquit; en étant découverts, feront recherchés & pourfuivis en tous les lieux de nofdits Pays & Terres de notre obéïffance, & condamnés au payement de l'eftimation & jufte valeur defdites Marchandifes, Vins & Denrées qu'ils auront ainfi fait fortir ou entrer, enfemble des Chars, Charettes, Chevaux & autres Beftiaux, fur lefquels le tout aura été porté ou conduit.

Les Droits font dûs fur les Marchandifes & Denrées, foit qu'elles procédent du crû, rentes, revenus ou non.

Acquits : ce qu'ils doivent exprimer.

Peine de confifcation contre ceux qui auront paffé le Bureau ou déchargé fans acquitter.

S'il n'y a point de Bureau dans le lieu du chargement, l'Acquit fera levé au plus prochain avant de charger, enlever ni conduire les Marchandifes ou Denrées.

Marchandifes non acquittées ni contenuës en l'Acquit, tombent en confifcation ainfi que les Chars, &c.

Ceux qui auront fait fortir ou entrer des Marchandifes ou Denrées fans les acquitter, feront recherchés & pourfuivis.

Et à l'égard de plufieurs Particuliers & Communautés enclavées dans nofdits Pays, qui ont obtenu Privilége de Nous ou de nos prédéceffeurs Ducs, de faire fortir, pour leur défruit & ufage feulement, toutes fortes de Marchandifes, Vins, & autres Denrées, fans payer lefdits Droits d'Entrées & Iffuës-Foraines, afin qu'ils n'en abufent, eft ordonné que ceux qui voudront charger Marchan-

Les Priviliégiés tenus de prendre des Acquits à Caution.

diſes, Vins, ou autres Denrées en noſdits Pays, ſeront tenus prendre Acquit de Caution au Bureau le plus prochain du lieu où ils auront chargé, & iceux renvoyer dans huit jours, avec Certification valable de la décharge deſdites Marchandiſes, Vins & autres Denrées; à peine de cinquante frans d'amande, & de pareilles confiſcations. Et afin que leſdits Receveurs ou Fermiers ne puiſſent cauſer aucuns retardemens ou frais inutiles aux Marchands, Voituriers & autres, ou exiger plus que les Taxes deſdits Droits; il eſt ordonné que dès l'inſtant qu'ils auront droit d'en faire la levée, ils feront publier ès lieux des Marchés ordinaires, & mettre Billet au-devant des Egliſes d'une chacune Ville, Bourgs & Villages dependans des Contrées à eux laiſſées ou baillées portant les lieux où leurs Bureaux ſeront établis, & où chacun devra aller payer & prendre Acquits; comme auſſi de mettre auxdits Bureaux la Déclaration ou Tarif deſdits Droits, en un Tableau ou Livre, & en lieux où chacun ait la liberté de les voir, lire & reconnoître. Et auſſi-tôt que les Marchands, ſujets & perſonnes étrangeres ſe préſenteront èſdits Bureaux, pour payer leſdits Droits & prendre Acquits; leſdits Receveurs ou Fermiers, & leurs Commis ou Prépoſés ſeront tenus à l'inſtant & ſans délai, de vérifier & reconnoître toutes & chacunes les Marchandiſes, Vins, & Denrées pour leſquelles ils voudront payer & avoir Acquits, leſquels ils leur fourniront ſignés de leur main, & ſcellés d'un Cachet armorié des Armes de nos Duchés, où leſdits Receveurs ou Fermiers ſeront établis, & auxquels Acquits ſeront inſérées les ſommes reçuës, & les quantités & qualités des Marchandiſes, Vins, ou Denrées acquittées, dont ils feront Régiſtre à part, en préſence deſdits Marchands, & autres qui auront acquitté, afin d'y avoir recours, quand beſoin ſera. Et où leſdits Receveurs ou Fermiers, & leurs Commis ou Prépoſés différeront ou dilayeront de donner leſdits Acquits promptement & ſans retard, ils ſeront amandables de cinquante frans, & de tous dépens, dommages & intérêts des retardés; & en cas qu'ils auroient exigé plus qu'il n'eſt taxé, de telles peines arbitraires que le fait ſe trouvera mériter, avec pouvoir auxdits Receveurs ou Fermiers d'établir Commis & Gardes en chacune Ville, Bourgs & Villages des Contrées de leurs Recettes ou Fermes, pour y faire toutes ſaiſies, arrêts & repriſes qu'il appartiendra, ſur les perſon-

Viſite des Marchandiſes pour lequel il eſt demandé Acquit.

Forme des Acquits, & obligation des Receveurs de les enrégiſtrer en préſence des perſonnes qui les levent.

Commis refuſant ou différant de donner Acquits, punis d'amande.

Défenſes d'exiger plus que les Droits dûs.

Permiſſion d'établir des Commis & Gardes.

nes, Marchandises, Vins & Denrées qui n'auront payé, ni pris Acquits, & les poursuivre par-tout où ils pourront être repris : Avec injonction à tous nos Officiers, hommes & sujets, de leur prêter toutes aides, faveurs & assistances, à peine d'amandes arbitraires ; desquelles reprises & arrêts ainsi faits par lesdits Fermiers, Gardes, Commis & Préposés, le rapport doit être fait aux Juges ordinaires de nos Senéchaussées & Prévôtés où ils seront faits, auxquels toute Cour, jurisdiction & connoissance est attribuée, pour en connoître, juger & terminer sommairement, & sans autres formalités de Procès, & sans, en ce faisant déroger ni faire chose au contraire de ce qui est porté par lesdits Edits & Réglemens ; le tiers des amandes ordonné & attribué auxdits Fermiers & Rapporteurs ; la forme de la levée & perception desdits Droits étant si parfaitement établie, qu'il ne reste rien à ajoûter qu'à éteindre & supprimer ce qui a été fait au contraire.

Injonction à tous Officiers, & Sujets de prêter main-forte aux Commis.

Reprises seront jugées sommairement.

LA CHOSE mise en délibération en notre Conseil, de l'avis d'icelui, & de notre certaine science, pleine puissance & autorité souveraine, avons dit, déclaré & ordonné, disons, declarons & ordonnons, voulons & Nous plaît, que lesdits Droits de Fredaux & d'Entrées & Issuës-Foraines, soient & demeurent comme ils ont toujours été une même chose, & qu'en iceux soit joint & incorporé ledit Droit & Impôt de trois frans pour cent des Toiles ; & ce faisant, conformément audit Tarif qui en a été fait, ainsi que ci-après, la levée en soit faite en la même forme & maniere qu'il est porté par ladite Ordonnance du 27. Janvier 1597. que Nous voulons & ordonnons être suivie & exécutée de point en point selon sa forme & teneur. A laquelle ajoûtant, voulons & ordonnons que tous ceux qui seront repris & rapportés pour avoir fait fraude, ou contrevenu auxdites Ordonnances faites sur la levée desdits Droits & Impôts, outre les peines & confiscations y portées, soient condamnés, pour la premiere fois, à cent frans d'amande, à deux cens frans pour la seconde, & pour la troisiéme, outre ladite amande, punis exemplairement ; le tiers desdites amandes demeurant & appartenant aux Rapporteurs. La jurisdiction, connoissance & décision des difficultés & contestations qui arrivent sur les saisies & arrêts des personnes, Marchandises & Effets de ceux qui sont repris & trouvés en faute d'avoir payé & acquitté lesdits Droits ès lieux & Bureaux ordonnés,

Les Droits Fredaux & ceux d'Entrée & Issue-Foraine, sont une même chose.

L'Ordonnance du 27. Janvier 1597. sera exécutée.

Amandes prononcées sur les fraudes outre la confiscation.

Juges des contestations sur les reprises.

ou de n'en avoir fait apparoir en tems & lieu, étant donnée & attribuée à nos Sénéchaux, Prévôts, ou leurs Lieutenans, & Juges ordinaires des lieux; Nous voulons & ordonnons qu'icelle leur soit conservée, & à nos Receveurs & Controlleurs, qui ont droit de juger & décider des Causes de notre Domaine en premiere instance. Et ce faisant, avons interdit & interdisons ladite Jurisdiction, connoissance & décision à notre Cour Souveraine, & à tous nos Baillifs, leurs Lieutenans, & autres nos Juges, Justiciers & Officiers, auxquelles Nous faisons très expresses inhibitions & défenses d'en prendre connoissance, ni d'en juger ou ordonner, à peine de nullité, cassation de Procédure; & de tous dépens, dommages & intérêts des Parties. Et où il y auroit appel ou plainte de ce qui aura été fait, jugé ou ordonné par nosdits Sénéchaux, Prévôts ou leurs Lieutenans, Receveurs & Controlleurs, ou autres Juges ordinaires des lieux sur le fait dudit Droit d'Entrée & Issuë-Foraine, de la part de ceux qui auront été repris, ou leurs Marchandises & Effets saisis & arrêtés, ou des Fermiers desdits Droits, leurs Commis & Préposés; Nous en avons retenu & réservé, retenons & réservons la connoissance & décision à Nous & à notre Conseil, ou à ceux qui pour ce seront par Nous commis & députés, pour en être jugé souverainement & en dernier ressort, en la forme & maniere qu'il se fait pour les autres choses de notre Domaine. Faisons très expresses inhibitions & défenses auxdits Receveurs ou Fermiers, & à leurs Commis & Préposés, de prendre ni exiger plus de quatre gros pour l'expédition de chacun Acquit de payement desdits Droits d'Entrées & Sorties, & des Acquits à Caution, qui seront délivrés pour le transport desdites Marchandises & Denrées, & de pareille somme de quatre gros pour la décharge desdits Acquits à Caution. Leur défendons très expressément de prendre ni lever aucune chose sur les Passe-Avans & Congés, ni pour les Vûs & Controlles qu'ils sont obligés de mettre sur lesdits Acquits de payement qui leur sont présentés par les Marchands & Voituriers passant debout par les Bureaux desdites Fermes. SI DONNONS en Mandement à nos très chers & féaux les Présidens, & Gens tenans notre Cour Souveraine de Lorraine & Barrois; Présidens, Conseillers & Auditeurs de nos Chambres des Comptes; Baillifs, Sénéchaux, Prévôts, Receveurs, Controlleurs, & autres Juges

Droits pour l'expédition des Acquits.

Droits pour la décharge des Acquits à Caution.

Ne sera rien pris sur les Passavants & Congés, ni pour les Vûs & Controlles.

ordinaires de noſdits Pays & Etats, que ces Préſentes ils faſſent lire, publier, régiſtrer, garder, obſerver & exécuter ſelon leur forme & teneur, ceſſant & faiſant ceſſer tous troubles & empêchemens au contraire. Voulons & ordonnons qu'aux Copies collationnées des Préſentes & deſdits Tarifs, par un de nos Sécretaires d'Etat, foi ſoit ajoûtée comme aux Originaux : Car tel eſt notre plaiſir. En foi de quoi Nous avons aux Préſentes ſignées de notre main, & contreſignées par l'un de nos Sécretaires d'Etat, Commandemens & Finances, fait mettre & appoſer en placard notre Scel ſecret.

DONNE' en notre Ville de Nancy le vingt-trois Avril mil ſix cens ſoixante-cinq.

Signé, CHARLES.

Et plus bas, LE BEGUE.

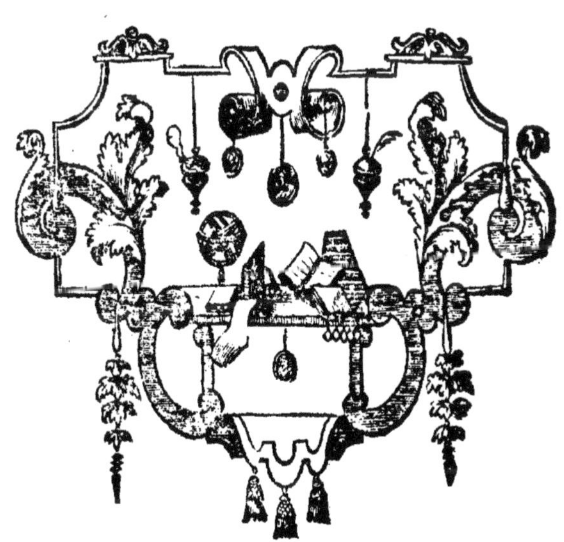

ARREST DU PARLEMENT DE METZ,

Qui ordonne que tous Voituriers seront tenus de payer les Droits des Marchandises qu'ils conduiront hors la Lorraine, & de prendre Acquit à Caution pour celles destinées à être consommées dans le Pays.

Du 10. Mars 1673.

ENTRE Antoine de Montaguet, Fermier général des Domaines de Lorraine & Barrois, prenant le fait & cause de Jean-Baptiste Dumay, Garde général des Entrées, Issuës-Foraines de Lorraine & Barrois, & Receveur du Bureau de Rembercourt; & Etienne Pied-de-Chat, Garde à pied dudit Bureau; Appellant des Sentences & Ordonnances renduës par les Receveurs & Controlleurs de Mandres-aux-quatre Tours, les trois & dix-sept Janvier, premier & seize Février dernier, & de tout ce qui s'en est suivi; d'une part: & Mengin Redault, Claude Millard, Dominique Masson, demeurans à Raulcourt; ledit Pied-de-Chat, Sébaſtien Simeon, Sergent; Intimés, d'autre. Aprés que Hailcourt, pour Montaguet, prenant le fait & cauſe de Dumay ſon Commis, & pour Pied-de-Chat, a conclu à ce qu'il fût dit qu'il avoit été mal & nullement jugé; en émendant, decharger des condamnations portées par les Sentences; les Intimés condamnés à l'amande de cinquante frans pour la contravention par eux faite aux Ordonnances & Edits de Lorraine, d'avoir conduit des Marchandiſes au Pont-à-Mouſſon, ſans prendre Acquit à Caution, & déclaré qu'il n'entendoit ſoûtenir ſon Appel à l'égard du Sergent. Oüi Eſmyet pour Pied-de-Chat, & Saint-Didier pour Simeon, qui ont ſoûtenu qu'ils étoient follement Intimés, & qu'ils devoient être renvoyés avec dépens. Oüi auſſi le Febvre pour Renauld & Conſors, & Bergeret pour le Procureur-Général du Roi.

LA COUR a reçu & recoit Montaguet à prendre le fait & cauſe de ſon Commis & du Sergent; & faiſant droit ſur les Appellations, a mis leſdites Appellations, & ce dont a été appellé, au néant; Emendant, a déchargé le Sergent & le Commis des condamnations portées par les Sentences. Ordonné que les Meubles ſaiſis ſur ledit Dumay, lui ſeront rendus, s'ils ſont en nature, ſinon le prix & valeur à dire d'Experts; dépens compenſés. ENJOINT à tous Voituriers & Chartiers de prendre des Acquits, & payer les Droits des Marchandiſes qu'ils conduiront hors la Lorraine. Et à l'égard de celles qui ſeront deſtinées pour être conſommées dans leſdits Duchés, prendront Acquit à Caution de rapporter Certificat de la vente ou conſommation, ſous les peines des Réglemens en cas de fauſſe déclaration; & ſeront leſdits Acquits à Caution délivrés, ſans arrêter ni faire ſéjourner les Voituriers, ſous telles peines que de raiſon.

FAIT à Metz en Parlement le dix Mars mil ſix cens ſoixante & treize.

FAYNIER *Collationné.*

TRAITÉ
FAIT AVEC
LA VILLE DE METZ,

Pour la correspondance & la liberté du Commerce.

Du 17. Février 1701.

Avec la Ratification du 25. Avril suivant.

LEOPOLD, par la grace de Dieu, Duc de Lorraine, Marchis, Duc de Calabre, Bar, Gueldres; Roi de Jerusalem, Marquis de Pont-à-Mousson & de Nommeny; Comte de Provence, Vaudémont, Blamont, Zutphen, Sarwerden, Salm, Falkestein, &c. A tous ceux qui ces Présentes verront, SALUT. Les Maître Echevin & Gens des trois Ordres de la Ville de Metz, ayant prétendu qu'on auroit fait depuis peu dans nos Etats une imposition sur les Vins étrangers, qui donnoit atteinte à la liberté du Commerce réciproque établi entre nos prédécesseurs Ducs, & lesdits Maître Echevin, & Gens des trois Ordres de la Ville de Metz & Pays Messin, par les anciens Traités, & notamment *Ratification.*

par celui fait à Nommeny le 18. Juin 1604. Et en ayant fait leurs remontrances à Sa Majesté Très Chrétienne, elles auroient été communiquées à nos Envoyés en Cour de France, lesquels ayant prétendu que lesdits Maître Echevin, & Gens des trois Ordres de la Ville de Metz & Pays Messin, avoient eux mêmes commencé, par l'imposition qu'ils avoient auparavant faite sur l'Entrée des Vins de nos Pays dans la Ville de Metz, de contrevenir auxdits anciens Traités, ils auroient offert de notre part d'en venir à une Conférence, pour terminer tous différends; de sorte que les Parties ayant également recherché les moyens de rétablir la bonne correspondance & liberté du Commerce, lesdits Maître Echevin & Gens des trois Ordres de la Ville de Metz, après en avoir obtenu la permission de Sadite Majesté, auroient pour cet effet envoyé en notre bonne Ville de Nancy leurs Députés, lesquels, avec les Commissaires par Nous nommés, ont le dix-septiéme Février dernier, arrêté, conclu & signé, en notredite Ville de Nancy, un nouveau Traité pour le rétablissement de la bonne correspondance, & liberté du Commerce réciproque entre nos Sujets & ceux desdites Villes de Metz & Pays Messin; lequel a été ratifié par lesdits Maître Echevin & Gens des trois Ordres dudit Metz, le vingt-deuxiéme dudit mois de Février, & même confirmé par les Lettres Patentes au grand Scel de Sa Majesté, du 22. Mars dernier. Et d'autant que, pour avoir son plein & entier effet, il doit aussi être par Nous confirmé, SAVOIR FAISONS, qu'ayant duëment vû & examiné en notre Conseil ledit Traité, dont Copie autentique est ci attachée, sous notre Contre-scel, Nous l'avons permis, consenti, approuvé, validé, autorisé, confirmé & ratifié; permettons, consentons, approuvons, validons, autorisons, confirmons & ratifions par ces Présentes, signées de notre main: Voulons, ordonnons & Nous plaît, qu'il sorte son plein & en entier effet, & que de la part de nos Sujets il soit gardé, entretenu, suivi & observé de point en point, selon sa forme & teneur. SI DONNONS en Mandement à nos très chers & féaux les Présidens, Conseillers, & Gens tenans notre Cour Souveraine de Lorraine & Barrois; Président, Conseillers & Auditeurs de notre Chambre des Comptes de Lorraine, & à tous autres nos Officiers & Justiciers, chacun ainsi qu'il appartiendra, que ces Présentes, avec ledit Traité, dont Copie eſt ci-jointe, ils faſſent lire, publier, enrégiſtrer, garder, ſuivre, effectuer & executer, & de leur contenu faire joüir & uſer les Bourgeois & Habitans de la Ville de Metz & Pays Meſſin, pleinement & paiſiblement, ceſſant & faiſant ceſſer tous troubles & empêchemens au contraire; à condition qu'ils laiſſeront joüir réciproquement de pareils droits ſur eux, tous les Sujets de nos Duchés de Lorraine & Barrois, & Terres de notre obéiſſance: CAR TEL EST NOTRE PLAISIR. En témoin de quoi, Nous avons aux Préſentes fait mettre & appendre notre grand Scel.

DONNE' en notre Ville de Nancy, le vingt-cinquiéme Avril l'an de grace mil ſept cens un.

Signé, LEOPOLD.

Et ſur le replis; Par Son Alteſſe Royale, *MAHUET.*

Regiſtrata, S. DE LA FALLOIZE. *Et ſcellé.*

ARTICLES CONTENUS au préſent Traité.

SUR ce qu'en l'année derniere Meſſieurs les Maître & Echevins, & Gens des trois Ordres de la Ville & Cité de Metz, préſenterent leur Requête au Roi, par laquelle ils expoſerent à Sa Majeſté, que les anciens Traités paſſés les années 1370. 1490. 1493. 1532. 1563. 1576. 1585. 1590. & 1594. entre les Ducs Prédéceſſeurs de S. A. R. & eux, notamment celui qui eſt vulgairement appellé le Traité de Nommeny, du 18. Juin 1604. maintenoient la liberté du Commerce, & communication entre les Sujets des Pays & Duchés de Sadite A. R. & de la Ville de Metz & Pays Meſſin, pour les Marchandiſes, Vivres & Denrées partant deſdits Duchés & Pays, & dudit Metz & Pays Meſſin, & y paſſant, en payant ſeulement les droits des anciens Péages, & autres droitures, telles que l'on payoit dix ans auparavant l'année 1560. & qu'au préjudice deſdits Traités, S. A. R. avoit par ſon Ordonnance du huit Novembre 1699. impoſé un Droit de ſix frans Barrois, ſur chaque meſure de Vin étranger, qui

Les anciens Traités réclamés.

Griefs de Mrs. de Metz.

seroit amené dans ses Etats, pour y être consommé, sans en excepter les Vins de Metz & Pays Messin, dont l'entrée doit être libre, même des Droits des Hauts-Conduits, pour ce qui est du crû & concrû desdits Habitans de Metz & Pays Messin.

Que le même Traité de 1604. vouloit encore, que, pour obvier aux fraudes qui pourroient être commises de part & d'autre contre ses dispositions, les Sujets, selon les occurrences, fussent tenus de bailler Gages & Cautions sur les lieux où les Impôts devroient être payés, pour assûrance qu'ils y renvoyeroient certifications valables, que lesdites Marchandises & Denrées qu'ils y feroient passer, auroient été menées & distribuées sans fraude aux lieux de leurs destinations.

Que néanmoins un Juif de Metz venant par Bateau de Tréves audit Metz a été contraint par le Commis du Bureau de Nittel, d'y faire décharger ses Habits, Hardes & Effets, où ce Commis les retient saisis, pour l'obliger d'acquitter les Droits d'Entrée, n'ayant pas voulu se contenter des soûmissions que ledit Juif lui faisoit d'y prendre un Acquit à Caution, & de le lui rapporter certifié que lesdits Effets auroient été conduits audit Metz.

Que, quoique les Marchands & Habitans de la Ville de Metz ne doivent aucun Droit pour l'Entrée ni pour la Traverse des Marchandises qu'ils tirent pour Metz, de Lyon, Languedoc, & autres Provinces, les Commis des Bureaux qui sont établis aux Entrées de Lorraine & Barrois, où ils devroient seulement prendre des Acquits à Caution, d'y rapporter Certificats valables que les Marchandises qu'ils y auront fait passer, auroient été conduites à Metz, pour y être distribuées sans fraude, ne laissent pas d'obliger ceux qui les conduisent, d'acquitter lesdits Droits d'Entrée & de Traverse, & de prendre èsdits Bureaux des Acquits de Paye, qu'ils affectent de donner sous les noms des Conducteurs & Voituriers, au lieu qu'ils devroient les délivrer sous les noms des Marchands, pour le compte desquels les Voitures sont faites.

Que, lorsque leurs Marchandises sont arrivées sur le Port près de Nancy, pour y être embarquées, le Fermier du Crône leur fait payer des Droits extraordinaires, & a exigé vingt-un sols six deniers par cent pesant desdites Marchandises, au lieu de trois gros Barrois qu'ils avoient accoûtumé de payer.

Et enfin, qu'encore que Sa Majesté ait accordé à la Ville de Metz le cours de la Riviere de Moselle, dans l'étenduë de Metz & du Pays Messin, neanmoins la Chambre des Comptes de Lorraine a seule établi un Coche par Eau, de Nancy à Metz, qu'elle a affermé au profit seul du Domaine de Lorraine.

Cette Requête ayant été communiquée à M. le Marquis de Torcy, Ministre & Sécretaire d'Etat, à Messieurs les Envoyés de S. A. R. en Cour de France; & le Député que la Ville de Metz avoit à Paris, en ayant conferé avec eux, ils lui firent entendre que la Ville de Metz avoit été la premiere à contrevenir aux anciens Traités & Concordats, par l'imposition qu'elle avoit ci-devant mise, de quinze sols Tournois sur chaque Piéce de Vin qui y entreroit, venant de Lorraine & Barrois; & par les défenses qu'elle avoit faites du depuis d'y laisser entrer aucuns Vins venans des Pays & Etats de S. A. R. & encore par quantité d'autres nouveautés contraires aux anciens Usages, & à la disposition dudit Traité de 1604. qui établit une liberté de Commerce de toutes sortes de Vivres, Denrées & Marchandises: mais que si Messieurs de Metz le désiroient, leurs plaintes & prétentions réciproques pourroient être réglées à l'amiable, sans que Sa Majesté en fût davantage importunée, cela pouvant être fait, en supprimant de part & d'autre toutes les nouveautés dont on se plaignoit respectivement: Ce qui auroit porté le Député de la Ville de Metz, d'en donner avis à Messieurs les Maître Echevin, & Gens des trois Ordres de ladite Ville. Ensuite de quoi l'affaire ayant été mise en négociation avec Messieurs les Ministres de S. A. R. & les Parties ayant également recherché les moyens de rétablir entre les Sujets des deux Etats, la bonne correspondance, & la liberté du Commerce, qui y avoit été si utilement établie par lesdits Traités & Concordats, mesdits Sieurs les Maître Echevin & Gens des trois Ordres en ont rendu compte à M. de Saint-Contest, Conseiller du Roi en ses Conseils, Maître des Requêtes ordinaire de son Hôtel, Intendant en la Généralité de Metz; & ayant obtenu de Sa Majesté la permission d'envoyer leurs Députés en cette Ville, pour traiter & transiger desdits différends, circonstances & dépendances, avec les Commissaires qu'il plaira à S. A. R. de nommer, ils ont, par Acte fait en leur Assemblée généralement tenuë en l'Hôtel de la Ville de Metz, le vingt-un Decembre der-

Griefs de Lorraine.

nier, approuvé de mondit Sieur de Saint-Conteſt, commis & député Maître Antoine Geoffroy, Prêtre, Chanoine de l'Egliſe Cathédrale de Metz, Meſſire Mathias Dorthe, Chevalier, Seigneur de Grimon, & autres lieux; Maître François Georgin, Seigneur de Mardigny, Conſeiller du Roi, Procureur de Sa Majeſté, & de la Ville de Metz; & Maître Loüis Lançon, Seigneur de Sainte-Catherine, Conſeiller du Roi au Bailliage & Siége Préſidial de la même Ville, & l'un des anciens Magiſtrats d'icelle. A cet effet, leſdits Sieurs Députés de la part de Meſſieurs les Maître Echevin, & Gens des trois Ordres de la Ville & Cité de Metz, fondés du pouvoir qui leur eſt donné par le Réſultat dudit jour vingt-un Décembre dernier, dont Copie collationnée par le Sécretaire, & ſcellée du grand Scel de ladite Ville, eſt demeurée jointe aux Préſentes, Comparans en perſonne d'une part; & Meſſire Marc-Antoine de Mahuet, Baron, Seigneur de Lupcour, Coyviller & autres lieux, Conſeiller & Sécretaire d'Etat de S. A. R. Intendant de ſa Maiſon & de ſes Finances; Meſſire Jean-Baptiſte de Mahuet, Chevalier, Seigneur de Saulcy, &c. Conſeiller d'Etat de Sadite A. R. & Premier Préſident de ſa Cour Souveraine de Lorraine & Barrois; Meſſire Gabriel-François Darmur, Chevalier, Seigneur de Gerbéville, auſſi Conſeiller d'Etat de S. A. R. Maître des Requêtes ordinaire de ſon Hôtel; & Meſſire Charles-Arnould Vignolles, auſſi Chevalier, Conſeiller d'Etat de S. A. R. Procureur Général en ſes Chambres des Comptes de Lorraine & Barrois, Commiſſaires nommés par S. A. R. d'autre part, ſont convenus, ſous le bon plaiſir de Sa Majeſté, & de Son Alteſſe Royale; SAVOIR:

Conventions ſur les griefs reſpectifs.

Les droits impoſés ſur les Vins de Lorraine & les défenſes d'en laiſſer entrer à Metz seront ſupprimés.

Que Meſſieurs les Maître Echevin, & Gens des trois Ordres de la Ville & Cité de Metz, ſupprimeront, ſi ja n'eſt fait, les Droits qu'ils avoient impoſes ſur l'Entrée des Vins provenans des Pays & Etats de S. A. R. & leveront leſdites Défenſes qu'ils avoient faites d'en laiſſer entrer dans Metz & le Pays Meſſin, ſans qu'elles puiſſent être rétablies à l'avenir; en ſorte que, ſuivant les anciens Traités & Concordats, l'entrée, vente & débit en ſoit libre dans leur Ville & Pays, de même que celui qui eſt de leur crû & concrû, pour lequel l'on ne paye depuis la S. Martin de chacune année juſques au commencement des Vendanges ſuivantes, pour tous droits d'entrée dans Metz, qu'un gros Meſſin, faiſant huit deniers tournois pour chacune Piéce de huit à neuf Hottes.

Les Vins de Metz & du Pays Meſſin ſeront affranchis des nouveaux droits de Lorraine.

Moyennant quoi S. A. R. conformément auxdits Traités & Concordats, affranchira l'entrée, vente & débit des Vins de Metz & Pays Meſſin dans ſes Pays & Etats, des Droits qu'elle a impoſés & pourra impoſer à l'avenir ſur l'entrée, vente & conſommation des Vins étrangers; enſorte que leſdits Vins de Metz & Pays Meſſin puiſſent y être amenés, vendus & débités avec les mêmes libertés, franchiſes & exemptions, que ceux qui ſont du crû & concrû de ſes Pays & Etats.

Anciens Péages ſeront acquittés même pour les choſes du crû & concrû.

Convenu néanmoins que, conformément auxdits Traités & Concordats, ceux qui feront entrer ou ſortir deſdits Etats & Pays de S. A. R. des Vins, Vivres, Marchandiſes & Denrées provenans même de leur crû & concrû, ſeront tenus d'acquitter les anciens Péages, dans les lieux & Bureaux de leurs paſſages, leſquels anciens Péages ont été reconnus conſiſter aux Droits de Haut-Conduits, dont les Tarifs ſeront joints aux Préſentes, pour ſervir à l'acquit deſdits Droits, par rapport aux différens lieux où ils ſont établis, & où ils étoient en 1670. & qu'outre ce, ils ſeront tenus d'acquitter les Droits établis par le Tarif du mois de Décembre 1604. ſur l'entrée des Vins étrangers, Chevaux, Beſtiaux, &c. ainſi & de même que les Sujets de S. A. R. ſont obligés de le faire.

Les Habitans, &c. de Metz & du Pays Meſſin qui tirent de Lorraine, ou y font paſſer des choſes deſtinées pour la conſommation deſdites Ville & Pays, outre les anciens Péages, ſont obligés de prendre des Acquits à Caution.

Les Habitans, Marchands & Négocians de la Ville de Metz & Pays Meſſin, qui tireront des Vivres, Denrées & Marchandiſes des Pays & Etats de S. A. R. ou qui en feront traverſer, pour être menés, diſtribués, débités & conſommés dans Metz ou Pays Meſſin, ne ſeront tenus d'acquitter aucun autre Droit d'Entrée ni de Traverſe.

Les Acquits à Caution ſeront expédiés ſous les noms des Marchands.

Ils ſeront ſeulement obligés de prendre des Acquits à Caution, leſquels leur ſeront délivrés ſans déballer, par les Commis des Bureaux établis pour la perception des Droits portés par les Ordonnances & Tarif de Lorraine. Seront leſdits Acquits à Caution expédiés ſous les noms des Marchands qui les feront entrer & paſſer; ou qui ſont dénommés dans les Lettres de Voitures, & non ſous les noms des Voituriers qui les conduiront ſeulement; en donnant néanmoins par eux Gages & Cautions, conformément aux Concordats de 1604. de renvoyer dans quinze jours, ou trois semaines au plus tard, lesdits Acquits à Caution certifiés dans les Bureaux où ils les auront pris, ou au Bureau Général établi à Nancy, à faute de quoi ils seront tenus d'acquitter lesdits Droits, comme les Sujets de S. A. R.

Motifs des Précautions [illegible] des Acquits à Caution.

Et parce que par lesdits Traités & Concordats, & notamment par celui du 18. Juin 1604. il est expressément porté, qu'au cas que les Marchandises, Vivres & Denrées qui seront passées pour Metz & Pays Messin sur Gages & Cautions, seroient en après transportées hors ladite Ville & Pays Messin, tous Droits de Passages & Impôts devront être indistinctement acquittés en chacun lieu, pour éviter les fraudes qui pourroient être commises à cet égard, en faisant passer ailleurs les Marchandises & Denrées, tant du Pays qu'étrangéres, que l'on aura tirées fait entrer ou traverser pour Metz & Pays Messin.

Il sera commis un Echevin de l'Hôtel de Ville, pour certifier les Acquits à Caution.

Ceux qui ont tiré de Lorraine, ou y ont fait passer par Acquits à Caution des Marchandises, &c. qu'ils font ensuite sortir ou vendent en gros pour les Pays étrangers, sont tenus d'en donner la déclaration avec les droits de Lorraine, à l'Echevin qui aura certifié leursdits Acquits à Caution.

Il a été convenu que Messieurs de l'Hôtel de Ville de Metz commettront un Echevin dudit Hôtel de Ville, pour certifier les Acquits à Caution, que leurs Marchands ou Négocians prendront dans les lieux & Bureaux de leurs passages; & qu'au cas qu'après qu'ils les auront reçus, & fait décharger dans Metz, il les fassent dans la suite passer, en tout, ou en partie, dans les Pays étrangers, comme Thionville, Luxembourg, & autres lieux, ils seront tenus de donner au même Echevin qui aura certifié leurs Acquits à Caution, une declaration exacte de tout ce qu'ils feront sortir, ou vendront en gros pour lesdits Pays étrangers, avec les Droits qu'ils en auroient dû acquitter, suivant les Ordonnances & Tarifs de Lorraine; lesquels Droits seront par lui remis à celui ou ceux qui seront préposés par les Fermiers de Lorraine; sauf à informer du recelé; & en cas qu'il s'y trouveroit de la fraude & contravention, lesdits Fermiers de Lorraine pourront poursuivre les contrevenans par-devant Messieurs les Maître Echevin & Echevins de la Ville de Metz, qui seront obligés de les juger suivant la disposition & rigueur des Ordonnances & Tarif de Lorraine.

Passage & Traverse des Sels de Lorraine à Metz.

Pour prévenir & terminer les difficultés qui sont nées, & pourroient naître dans Metz au sujet des Passages & Traverses des Sels de Lorraine, tant par eau que par terre; il est convenu, qu'en suivant le Tarif de la Ville de Metz du 18. Octobre 1505. le Char chargé de Sel payera seulement pour tous Droits douze

deniers

deniers Meſſins, faiſant huit deniers tournois ; la Charette ſix deniers Meſſins, faiſant quatre deniers tournois ; & que le muid ou tonneau de Sel paſſant par eau, payera ſeulement douze deniers Meſſins, faiſant huit deniers tournois.

Saiſie reconnue bien faite.

Quant aux arrêts & ſaiſies que le Commis du Bureau de Nittel a fait des Habits, Hardes & Effets qu'un Juif venant de Tréves y faiſoit paſſer pour Metz, pour être payé des Droits d'Entrée ; ladite ſaiſie a été reconnuë bonne, attendu que ce Juif n'étoit pas Habitant de la Ville de Metz, mais un Juif étranger.

Tarif & Réglement des Droits du Crône.

Reconnu pareillement que la plainte que meſdits Sieurs les Maître Echevin & Gens des trois Ordres avoient faite au ſujet de la perception des Droits qu'ils ont dit que le Fermier du Crône faiſoit payer à leurs Marchands, étoit mal fondée ; parce qu'il a été vérifié, que les vingt-un ſols ſix deniers que leurs Marchands ont payés, ont été pour raiſon du millier peſant des Marchandiſes qu'ils y ont fait embarquer, & non pas du Quintal, ainſi qu'ils l'avoient expoſé : le Tarif & Réglement faits pour la perception des Droits du Crône, juſtifiant qu'en l'année 1666. & ſuivantes, il y étoit payé trois gros par cent peſant des Marchandiſes qui y étoient embarquées, lequel Tarif ſera pareillement joint aux Préſentes, ayant été convenu que les Bourgeois & Habitans de Metz & Pays Meſſin, ne peuvent ſe diſpenſer d'y payer les mêmes Droits qui y ſont payés & acquittés par les Sujets mêmes de S. A. R.

Ferme du Coche par eau, de Nancy à Metz.

Quant à ce qui touche l'Adjudication faite en la Chambre des Comptes, de la Ferme du Coche par Eau de Nancy à Metz, il a été reconnu que ce n'étoit point une nouveauté, & que le prix de cette Ferme devoit appartenir au Domaine de Lorraine, ſauf à Meſſieurs les Maître Echevin & Gens des trois Ordres de la Ville de Metz, d'en établir un de leur part, pour venir de ladite Ville à Nancy ; & ſeront les Fermiers dudit Coche d'eau conſervés & maintenus réciproquement dans la liberté de conduire toutes perſonnes & Marchandiſes, & de charger librement pour leur retour dans l'une & l'autre deſdites Villes.

R[illegible] d'hy- [illegible]

Et ſur ce que meſdits Sieurs les Députes de la Ville de Metz ont repréſenté, qu'il ſeroit de l'utilité commune des deux Etats, d'établir que les Actes & Contracts qui ſeront paſſés par-devant Notaires Royaux réſidans à Metz, aient hypotéque en Lorraine

& Barrois; & réciproquement, que les Actes & Contracts qui seront passés en Lorraine & Barrois, Terres & Seigneuries de l'obéissance de S. A. R. par les Tabellions Géneraux, & Notaires & Gardes-Nottes desdits Pays, portent hypotéque dans la Ville de Metz & Pays Messin; il a été résolu, sous le bon plaisir du Roi & de S. A. R. que les Actes & Contracts qui seront à l'avenir reçus & passés par-devant lesdits Notaires Royaux, & Tabellions Généraux, Notaires & Gardes-Nottes de Lorraine & Barrois, & Terres & Seigneuries y annéxées, porteront respectivement hypotéque ésdits Pays & Etats; à charge & condition néanmoins, que les Droits de Bullettre, Sceaux & Tabellionage des Contracts réels, seront portés & acquittés dans les lieux où ils devoient être passés naturellement.

Droits de Bullette, Sceaux & Tabellionage.

Si ont promis lesdits Sieurs Députés pour la Ville de Metz & Pays Messin, de suivre & faire suivre le présent Traité, & d'en apporter dans six semaines la Ratification de Messieurs les Maître Echevin & Gens des trois Ordres de ladite Ville, & de faire toutes les diligences nécessaires vers Sa Majesté, pour en obtenir la confirmation; & lesdits Sieurs Commissaires de S. A. R. de faire les mêmes diligences à leur égard, pour en obtenir la confirmation de Sadite A. R. Fait double, & passé à Nancy le dix-septiéme jour de Février 1701.

Et à l'instant il a été mis en main de mesdits Sieurs les Députés des trois Ordres de la Ville de Metz, les Tarifs énoncés au présent Traité, en huit piéces cottées & paraphées par premiere & derniere, par Monsieur Mahuet, Premier Président; & ès mains de mesdits Sieurs les Commissaires de Lorraine, Copie du Résultat desdits trois Ordres, du vingt-un Décembre dernier, portant leur pouvoir, signé du Sécretaire, & scellés du grand Scel de ladite Ville; Signé Geoffroy, avec paraphe; Dorthe, Georgin de Mardigny, Lançon, M. A. Mahuet, avec paraphe; J. B. Mahuet, Darmur & Vignolles.

Collationné à l'Original; Signé, MAHUET.

LUs & publiés en l'Audience publique de la Chambre des Comptes de Lorraine, Cour des Aydes; Oüi, & ce requerant le Procureur Général, pour être suivis & exécutés, selon leur forme & teneur: Ordonne que lesdits Traités & Ratifications seront enrégistrés ès Régistres d'icelle, pour y avoir recours, le cas échéant; & qu'à la diligence dudit Procureur Général, Copies duëment côllationnées seront envoyées dans tous les Siéges ressortissans en ladite Chambre, pour y être pareillement lûs, publiés, suivis, exécutés & régistrés, dont les Substituts de chacun desdits Siéges certifieront la Chambre au mois. Fait judiciairement en la Chambre à Nancy, le premier jour du mois de Juin mil sept cens un.

Signé, LABBE' DE BEAUFREMONT.

Et plus bas, GODBILLOT, *Greffier.*

DÉCLARATION

PORTANT

Réglement pour les cinq Hauts-Conduits de Lorraine & Barrois.

Du mois d'Août mil sept cens quatre.

LEOPOLD, par la grace de Dieu, Duc de Lorraine & de Bar, Roi de Jerusalem, Marchis, Duc de Calabre & de Gueldres, Marquis de Pont-à-Mousson & de Nommeny, Comte de Provence, Vaudémont, Blamont, Zutphen, Sarwerden, Salm, Falkestein, &c. A tous ceux qui ces présentes Lettres verront : SALUT. Le Droit de Haut-Conduit étant un des plus anciens de notre Domaine, & les Ordonnances qui ont été faites de tems à autre par nos prédécesseurs Ducs, pour en régler la Perception & les Districts, n'étant pas bien nets ni précis, étant au contraire conçus en des termes la plûpart si ambigus & si obscurs, que souvent il arrive des contestations entre les Commis à la levée desdits Droits, & ceux qui en doivent faire le payement. Pour prévenir tous sujets de difficultés, & empêcher que dans la perception desdits Droits de Haut-Conduit, que Nous voulons être levés dans tous nos Etats, il ne s'y commette

Le droit de Haut-Conduit est un des plus anciens du Domaine.

Anciennes Ordonnances.

plus aucun abus, Nous étant fait représenter lesdites Ordonnances, Réglemens & Tarifs des mois de Novembre mil cinq cens quatre-vingt-dix-sept, seize Mars mil six cens dix, vingt-neuf Juillet & neuviéme Août mil six cens dix-huit; ensemble les Arrêts rendus en notre Conseil des Finances, & en notre Chambre des Comptes de Lorraine, des vingt Décembre mil sept cens un, vingt Décembre mil sept cens deux, & sixiéme Septembre de l'année derniere mil sept cens trois; Nous avons jugé nécessaire d'y pourvoir par un Réglement général & certain, qui fasse connoître notre volonté; non seulement à l'égard dudit Droit pour le percevoir, mais encore à l'égard des Lieux, dont les Districts des cinq Hauts-Conduits du Barrois, Saint Epvre, Nancy, Salins-Létape & Château-Salins, doivent être composés.

A CES CAUSES, & autres à ce Nous mouvans, de l'avis de notre Conseil des Finances, qui a vû lesdites Ordonnances, Réglemens, Tarifs & Arrêts, de notre certaine science, pleine puissance & autorité souveraine, Nous avons par ces Présentes, signées de notre main, déclaré & ordonné, & en interprêtant en tant que besoin est, ou seroit, lesdites Ordonnances, Déclarations, Réglemens & Arrêts donnés en conséquence, déclarons & ordonnons, voulons & Nous plaît:

Qui que ce soit, ni rien de ce qui entre, sort, ou passe par les Etats, n'est exempt du droit de Haut-Conduit.

Que, conformément aux anciennes Ordonnances & Réglemens, le Droit de Haut-conduit soit payé par tous ceux qui feront entrer ou sortir de nos Duchés, Pays & Etats, des Vins, Vivres, Marchandises & Denrées, & de toutes choses généralement quelconques, sans aucune excepter, soit que lesdites Marchandises ou Denrées qui entreront dans nosdits Pays & Etats, y soient consommées ou y restent, soit qu'elles n'y soient pas consommées, & en sortent.

Que ledit Droit soit pareillement payé d'un Haut-Conduit à un autre *, au premier ou plus prochain Bureau, par où on entrera dans l'un desdits cinq Districts, suivant les Tarifs & Réglemens anciens de chacun desdits cinq Districts, dont les lieux qui les composent, de même que les Taxes, seront ci-après spécifiés, par rapport aux différens lieux où ils se trouvent établis.

* Le Haut-Conduit d'un District à un autre dans l'intérieur des Etats a été suprimé par Edit du 4. Avril 1721. qui ne l'a conservé que pour l'entrée & la sortie.

LE HAUT-CONDUIT DU BARROIS.

Consiste au Barrois mouvant & non mouvant, ensemble aux Prévôtés d'Apremont, Hattonchatel & Preny, qui, quoique dépendantes de notre Duché de Lorraine, & étant enclavées dans notre Duché de Bar, feront du District dudit Haut-Conduit du Barrois, dont les Droits seront payés comme d'ancienneté, & ainsi que s'ensuit.

Lieux qui sont compris dans le District du Barrois.

SAVOIR:

Tarif du Haut-Conduit du Barrois.

Du Char chargé de Marchandises, quelles elles soient,	4. gros.
De la Charette,	2. gros.
Du Cheval pour mener vendre,	4. gros.
Du Bœuf,	4. gros.
Du cent de Moutons, ou Porcs, un Porc ou un Mouton, & à proportion du plus au moins.	
De la Vache,	3. gros.
Du Cheval chargé,	8. deniers.
Le Collet de Cheval,	4. deniers.
L'Asne & Mulet,	8. deniers.
Pour chacune Piéce de Drap qui sortira du District,	1. gros.

LE HAUT-CONDUIT DE SAINT-EPVRE.

Consiste aux Villages de la Prévôté de Gondreville, qui font le contour de Toul.

Lieux qui sont du District de S. Epvre.

SAVOIR:

Gondreville.	Buligny.
Colombier.	Manoncourt.
Le Mouterot.	Villers-le-Secq.
Cresil.	Viterne.
Charmes-la-Côte.	Saulxures-les-Vannes.
Mont-le-Vignoble.	Thuilliers-aux-Groseilles.

Dont les Droits seront pareillement payés comme d'ancienneté, & ainsi qu'il ensuit.

Tarif du Haut-Conduit de S. Epvre.

Du cent de Moutons, passans par ledit District,	2. gros.
Du cent de Porcs,	9. gros.

Suitte du Tarif du Haut-Conduit de S. Epvre.

De chacun Cheval que l'on amenera vendre aux Foires, 8. den.
De la Jument, 4. den.
Du Bœuf, 8. den.
De la Vache, 4. den.
De la Queuë de Vin de France, 5. gros 8. den.
De la Queuë de Vin du Barrois, 2. gros 8. den.
Tous Chars ou Charettes paſſant par le Diſtrict dudit Paſſage & Haut-Conduit dudit S. Epvre, chargés de Fer, ou autres Marchandiſes du Pays, de chacun Cheval, 1. gros.
Les Chars ou Charettes chargés de Moluës, Harangs, Cuirs du Pays, doivent par chacun Cheval, 2. gros.
De la Meule de Moulin, 5. gros.
Tous Merciers portant Balles emballées, 6. den.

LE HAUT-CONDUIT DE NANCY,

Lieux qui forment le Diſtrict de Nancy.

Compoſé des Villes, Bourgs & Villages ci-après ſpécifiés par Prévôtés ſeparées.

PREVOTÉ DE NANCY.

Nancy.
Bouxiéres-aux-Dames.
Champigneulles.
Dombasle.
Froüard.
Les Flavigny.
Heillecourt.
Jarville.
Eulmont.
Ludre.
Fléville.
Malzéville.
Maron.
Meréville.
La Neuville devant Nancy.
Pierreville.
Pixerécourt.
Parey S. Cézard.
Pullenoy.
Richard-Ménil.
Séchamps.
Vendeuvre.
Les Varangévilles.
Lorrey.
Chaligny.
Les Neuves-Maiſons.
Antelupt.
Flainvaux.
Sommervillers.
Azelot.
Buttecourt.
Lupcourt & Beldon.
Art-ſur-Meurthe.
Crevéchamp & le Ménil Saint Martin.
Clevant.

Suitte des lieux qui forment le District de Nancy.

Essey, Saint Mad & Dommartemont.
Le Fief de Frocourt.
Houdemont.
Lay.
Laxou & Sainte-Anne.
Lenoncourt.
Maxéville.
Messein.
Millery & Autreville.
Neuvillers.
Bosserville.
Le Ménil.
Pulligny.
Roville & Mangonville.
Saulxures.
Tomblaine.
Brichambault.
Saint Madt.
Chavigny.
Pont Saint-Vincent.
Crévy.
Grand-Vezin.
Hudiviller.
Ville-aux-Vermois.
Manoncourt.
Gerardcourt & Sandronvillé.
Le Bourg S. Nicolas de Port.

PREVOTÉ DE ROSIERES-AUX-SALINES.

Rosiéres-aux-Salines.
Ferrieres.
Coyvillers.
Le Moutrot.
La Grange.
Domptaille.
Le Chesnay.
Saffey.
Velle.
Cudeseve.
Le Rayeux.
Nouveau-Lieu.
Tonnoy.
Chaudey.
Padoux.
La Gruyeres.
Barbonville.
Vigneulles.
Haussonville.
Gerbevillers & dépendances.

PREVOTÉ DE LUNÉVILLE.

Lunéville.
Serre.
Champé.
Chanteheu.
Beulieu, *Cense.*
La Neuville-au-Bois.
Auricourt.
Thiébamesnil.
Domgevin.
Ogeviller.
Saint Martin.
Harrimesnil.
Mont.
Adoménil.
Beaupré, *Abbaye.*
Charmois.
Hableinville.
Moncel.

Suitte des lieux qui forment le District de Nancy.

Champé, *Cense.*
Haudonviller.
Huviller.
Relecourt, *Cense.*
La Rochelle.
Mehon.
Remonville.
Haudonviller.
Marainviller.
Amberménil.
Vardeval.
Manonvillers.
Benamémil.
Petonville.
Rohey.
Rehainvillé.
Mortagne.
Blainville.
Dame-Leviére.
Belchamp, *Abbaye.*
Linville.
Baſſompont, *Cense.*
Girivillé.
Xermaménil.
Athienville.
Froide-Fontaine, *Cense.*

PREVOTÉ D'AZERAILLES.

Azerailles.
Flin.
Marnauval., *Cense.*
Mazerules, *Cense.*
Badmeſnil.
Valzey, *Cense.*
Voivre, *Cense.*
Gélacourt.
Glonville.

PREVOTÉ D'EINVILLE-AU-JARD.

Einville-au-Jard.
Deuvilley.
Raville.
Maxe.
Haraucourt.
Deuville.
Bazemont.
Crion.
Henaménil.
Bure.
Coincourt.
Saint Pancras.
La haute & baſſe Foucrey.
Piſſincourt.
Charmois.
La Rochelle.
Vatrimont.
Petite Blainville.
Valhey.
Drouville.
Gelenoncourt.
Boinvillé.
Sionvillé.
Hincourt.
Xouſſe, *Ruë de Lorraine.*
Arracourt.
Vaudrecourt.
Parroye.
Bonneval.
Léomont.
Bathelémont.

PREVOTÉ D'AMANCE.

Suite des lieux qui forment le District de Nancy.

Amance.	Laistre.
Dommartin.	Agincourt.
Cercueil.	La Neuvelotte.
Courbezaux.	Sornéville.
Ohéville.	Champenoux.
Lanfraucourt.	Mazerulles.
Bouxiéres-aux-Chesnes.	Moulin.
Leyr.	Saint-Hilaire.
Arrée.	Blanzey.
Escuelle.	Remaucourt.
Villers.	Haute & basse Brice.
La Neuve-Maison.	

PREVOTÉ DE CONDÉ.

Condé.	Montenoy.
Bratte.	Malleloy.
Les Faux.	

PREVOTÉ DE POMPEY.

Pompey.	Sazeray.
Marbache.	

PREVOTÉ DE GONDREVILLE.

Xechey-aux-Forges.	Veleynes-en-Hayes.

COMTÉ DE VAUDÉMONT.

Ces Lieux du Comté de Vaudémont par Arrêt du 4. Mai 1708. ont été placés dans le District de Salins-Létape.

Vezelize.	Houdreville.
Autrey.	Omémont.

Dont les Droits seront pareillement payés comme d'ancienneté, ainsi que s'ensuit.

SAVOIR:

Tarif du Haut-Conduit de Nancy.

Pour chacun Cheval attelé à Char ou Charette, menant Marchandises ou Denrées, 1. gros.

Suitte du Tarif du Haut-Conduit de Nancy.

Pour chacune Piéce de Vin de France, d'Arbois, de Saône, sur Charette ou sur Eau, 5. gros.

Pour la Queuë de Vin du Val de Metz, 2. gros 8. deniers.

Pour le Virly de Vin d'Allemagne, 5. gros.

Pour le Virly de Vin du Pays, 2. gros.

Et s'il y avoit Vin ou Denrées sur un Char ou Charette, il sera libre de prendre ou le Droit ci-dessus, pour chacun Cheval attelé, ou le Droit sur la Marchandise, ainsi qu'il est réglé.

Du Vin du Val de Metz, qui sera conduit & mené ou par eau, ou par Charois; sans décharger à Nancy, sera payé par toutes personnes, du Tonneau, 2. gros 8. den.

Pour chacun Cheval chargé de quelques Marchandises ou Denrées, 1. gros.

Réservé le Saffran, qu'aucun portant secrettement, doit pour le Cheval payer, 2. gros.

De la Pierre de Moulin, 5. gros.

Le cent de Porcs doit neuf gros, & à proportion, 9. gros.

La Poutre, 4. deniers.

Le Bœuf 4. deniers.

La Vache, 2. deniers.

Le cent de Moutons, 2. gros.

Et le Conduit par Eau se payera de même que celui par Terre, par rapport au nombre des Chevaux, dont les Charettes & Chariots, qui menent des Marchandises ou Denrées sur le Port, se seront attelées.

Pour une Meule menée par eau, 2. gros 8. den.

Pour une Voille de Planches sur eau, contenant un millier, doit trente-deux gros, & à proportion.

Pour une Bossée de Marins à chevilles, 3. gros 8. den.

Et doit passer les Grands-Moulins, sans y endommager.

Quelquefois l'on amene sur le Marin ou sur les Planches, quelques Meules de Vosges, d'autre fois par Charettes, on en doit prendre selon qu'elles sont; d'une grande, deux gros huit déniers; sur les suivantes, deux gros; sur les autres, un gros huit déniers; & sur les petites, un gros.

Pour le cent de Tandelins, ou autres Futailles qu'on amene sur Voille, d'un cent, un, & à proportion.

De cent douzaines de Balets, une douzaine, & pareille de toutes Futailles qu'on amene.

Pour

Pour le Tonneau, 2. gros 8. deniers.

LE HAUT-CONDUIT DE SALINS-L'ETAPE.

Lieux qui composent le District de Salins-l'Etape.

Composé des Villes, Bourgs & Villages cy-après déclarés par Prévôtés séparées.

PREVOTÉ DE ROSIERES.

Roselieures.
Clayeures.
Saint Mad.
Bayon.
Einvaux.
Moriviller.
Magniéres.
Moyemont.
Mattexey.
Franconville.
Bremoncourt.
Mezey, proche Haussonville.
Seroville.
Borville.
Fauconcourt.
Froville.
Vircourt.
Landecourt.
Romont.

PREVOTÉ DE BLAMONT.

La Ville de Blamont.
Barbas.
Montreux.
Repas.
Autrepierre.
Gondrexon.
Chavel.
Remoncourt.
Domgevin.
Domepvre.
Halloville.
Frimonville.
Igney.
Amenoncourt.
Lintrey.
Reillon.
Blemery.
Le Franc-Aleuf de Fourcey.

PREVOTÉ DE SAINT-DIEZ.

Saint-Diez sous le Domaine.
La Mairie de Robache.
La Mairie d'Urbache.
La Mairie de Chesnoy de Saulcy.
La Mairie de Moyen-Moutier.
La Mairie de la Ville de Raon.
Le Valtin.
La Mairie de Coinge.
La Mairie du Ban d'Aveline.
Vizamback.
La Mairie de Bertrimoustier.
Lusse Biliftin.
Le Ban le Duc.
La Murlusse.
Lubine.
La Grande Fosse.

Suitte des lieux qui composent le District de Salins-l'Etape.

Beulay.
La Mairie de Neuvillers.
La Mairie de Sainte Marguerite.
Saint-Diez sous le Chapitre.
La Mairie des trois Villes.
Denipaire.
Le Ban d'Estival.
Le Ban de Sape.
Le Ban de Taintru.
La Mairie de Saint Leonard.
La Bourse.
Le Ban de Saulcy.
La Varde de Saulcy.
La Ville de Raon, y compris le Hameau de Vesval.
Le Ban de Fraize.
La Mairie de Mandray.
La Mairie de la Croix.
Gemingote.
Raves.
Lusse-Dolot.
Le Ban d'Anoux.
La Mairie de Lucey.
La Mairie de Colroy.
Provenchere.
La Petite Fosse.
Frapel.
La Mairie de Spizambag.
Tanvillers, & Saint Pierre-aux-Bois.

PREVOTÉ DE DENEUVRE.

Deneuvre.
Flin.
Fremy-Fontaine.
Fontenoy.
Destord.

VAL DE LIEVRE.

Sainte-Marie-aux-Mines.
Sainte Croix.
Liepvre.
Lallemand-Romback.

PREVOTE DE BADONVILLER.

La Ville de Badonviller.
Senones.
Raon-sur-Plaine.
Haute-Seille.
La Broque.
Le Fief de Charmois.
Parux.
Celles.
Sauxures, & le Fief de Benaville.
Famulé.
Saint Maurice.
Sainte Paule.
Couvay.
Bremenil.

PREVOTÉ DE MIRCOURT ET REMONCOURT.

La Ville de Mircourt.
Himont.
Domepvre.
Roserotte.
La Neufville sous Montfort.
Lignéville.
They sous Montfort.
Baudrecourt.

Suitte des lieux qui composent le District de Salins-l'Etape.

Dombasle.
Juvaincourt.
Pouffey.
Betoncourt.
Gircourt.
Parey ſous Montfort.
Giroviller.
Offrocourt.
Thiraucourt.
Matzirot.
Vroville.
La Cenſe de Maximois.
Le Château de Maiſon.
Aronval.
Battexy.
Mattaincourt.
Bazoilles.
Eſtrennes.
Remoncourt.
Haireville.
Vittel.
Dompvallier.
Roux.
Dohéville.
Puſieux.
Ambacourt.
Pont ſur Madon.
Chauffecourt.
Domjulien.
Viviers.
Remeicourt.
Rameicourt.
Viller.
Le Château de Mandre.
La Cenſe de Bouſeval.
Aurainville.
Hergugney.

PREVOTÉ DE CHARMES.

La Ville de Charmes.
Floremont.
Saint Fremy.
Les Vaux & Meſnil.
Buttigney.
Saucourt.
Balleville.
Brantigny.
Flavaucourt.
Savigny.
Bugney.
Ubexy.
Rapey.
Gripport.
Germonville.
Vennezey.
Eſſegney.
Le Moitrier de Farſal.

PREVOTÉ DE DOMPAIRE.

Dompaire.
La Vieuville.
Avillers.
Valleroy.
Ban de Bouzemont.
Mairie de Banville.
Saint Vallier.
Ban d'Herbamont, & la Cenſe de Golaincourt.
Gigney.

Suitte des lieux qui composent le District de Salins-l'Etape.

Chaumousey.
Gorhey.
Heumecourt.
Ban de Harol.
Mairie de Velotte.
Maselieres.
Lignéville & Bassecourt de Bonsey
La Mairie de Vaubexy.
Ban de Giraucourt.
Begnecourt.
Ablevenet.
Damas.
Le Ban & Val de Madonne.
Vomecourt.
Ahéville.
Madecourt.
La Mairie de Val Froicourt.
Rancourt.
Ban de Bouxiéres.
Ban de Bouquegney.
Ban d'Uxegney.
Darnieulles.
Agecourt & Fontet.
Buttegney.
Tattignécourt.
Raceycourt.
Honcourt.
Aboncourt.
Ville-sur-Illon.
Ban d'Escle.
Gellenoncourt & Adon.
Pierrefitte.

PREVOTÉ DE DARNAY.

Darnay.
Contrexéville.
Essey.
Dommartin.
Gesonville.
Betrupt.
Vivier.
Bonviller.
Attigny.
Martinvelle.
La Grange Jacquot.
La Forge Raytel.
Relange.
Saint Baslemont.
Senonges.
Les Vallois.
Dombasle.
Nonville.
Dombrot.
Belmont.
Regniévelle.
Le Hubert.
La Côte Sainte-Antoine.
Toutes les Verreries & Granges.

PREVOTÉ D'EPINAL.

La Ville d'Epinal.
Saint Genoix.
Padoux.
Badmesnil.
Vomecourt.
Saint Gergonne.
Girmont.
Igney.

Dognéville.
Longchamp.
La Cense de Fayoux.
Palgney.
La Mairie de la Basse, consistante en partie de Moussoux-Archette & Chavelot.
Cercœur.
Dignonville.
Villoncourt.
Buth.
Sainte Heleine.
Thaon.
Deyvillé.
Domepvre.
Vaudeville.
Juxey.
Vahoncourt.
Zincourt.
Vivey.
Golbey.

Suitte des lieux qui composent le District de Salins-l'Etape.

PREVOTÉ DE BRUYERES.

La Ville de Bruyeres.
Arrentés de Corsieux.
La Mairie de Grange.
Nouveaux Arrentés du Ban de Grange.
La Mairie de Barbas & Seroux.
Grandviller & Ban de Dompierre.
Richaupal.
Docelles.
Chenimesnil.
Gugnécourt.
La Mairie de Buxurieux.
Prays.
Fimenil.
Champs.
Herpemont.
Amouzey.
Juration de la Chapelle.
Ban de Bifontaine.
Laveline.
Arrentés d'Ivoux.
La Neuville.
Le Bois de Champs.
Ban de Belmont.
Le Ban de Vaudicourt.
Le Void de Belmont.
Gircourt.
Doyenné de Corsieux.
La Mairie de Rennegotte.
Vieux Arrentés de Grange.
Arrentés au-dessus de Grange.
Juration de Franbemesnil.
Champdray.
Ban de Faucompierre.
Décimont.
L'Espanges.
La Mairie de Vichibure.
La Mairie de la Tour.
Fays.
Laval.
Beaumesnil.
Jussarup.
Pierrepont.
Le Ban de Ravecourt.
La Mairie de Norzeville, y compris Destord.

Suitte des lieux qui composent le District de Salins-l'Etape.

PREVOTÉ D'ARCHES.

Ban de Vagnez.
Le Ban d'Arches.
Tendon & Houx.
Arrentés de Saint Joseph.
Gerardmer.
Choumont.
Uzemain.
La Ville de Remiremont.
Bellefontaine.
Denoux & Vrimesnil.
Ventron.
La Chambre.
Les Fermiers d'Erival.
Le Ban de Ramonchamp.
Fontenoy.
La Chapelle.
Pont.
Arrentés du Ban de Vagney.
Les Arrentés de Chamontarupt.
Saint Joseph.
Arrentés de Clurie.
Plombiéres.
Jarmenil.
Bain.
La Bresse.
Rayon.
Cornimont.
Longuet.
Foresterie & Franches Gens.
Le Val Dajol.
Le Ban de Longchamp.
Certigny.
La Fraimouze.
Celles.

PREVOTÉ DE CHATTÉ.

La Ville de Chatté.
Langley.
Morivillier, y compris Bedon, *Cense.*
Passoncourt.
Hardancourt.
Hellainville.
Saint Boing.
Moussey.
Onzaine.
Chamagne, *Office de Chatté & de Rosieres.*
Saint Germain.
Villacourt.
Binville.
Marainville.
Lebeville.
Buxurulle.
Nommexy.
La Cense de Sabeimeix.
La Cense de Metrecourt.
Porsieux.
Hadigny.
Rehaincourt.
Ortoncourt.
Clesantaine.
Damas-aux-Bois.
Saint Remy.
Frison.
La Cense de Loro, y compris le Moulin.
La Cense découverte.

COMTÉ DE VAUDÉMONT.

Suitte des lieux qui composent le District de Salins-l'Etape.

Vaudémont.
Bouxainville.
Blemery.
Gugney.
Goviller.
Haméville.
Clerey.
Diarville.
Estreval.
Forcelles sous Gugney.
Forcelles S. Gergonne.
Frenel la Grande.
Fresne.
Thorey.
Pulley.
Puxe, Velle & Souveraincourt.
Saxon.
Saint Fremy.
They sous Vaudémont.
Olmemont.
Vitrez.
Battigny & Gelaucourt.
Boulaincourt.
Courcelles.
Grimonvillé.
Housseville.
Ognéville.
Chaovilles.
Dolcourt.
Eulmont & Dommarie.
Fabvieres.
Fresnel la Petite.
Fecolcourt.
Vandelainville.
Praye.
Parey S. Cézard.
Rapelle.
Sauxerotte.
Thelot.
Tantonville.
They sous Montfort.
Vroncourt. *

* Suivant la notte mise à la page 7. Vezelise, Autrey, Houdreville & Omemont qui avoient été placés dans le District de Nancy, ont été remis dans celui de Salins-l'Etape.

PREVOTÉ DE NEUF-CHATEAU.

La Ville de Neuf-Château.
Rollainville.
La Neuville sous Châtenoy, & le Moulin de la Graviere.
Mandre.
La Cense de Rainval.
Raimoix.
Huécourt.
Sartes.
Coussey.
Apponcourt & Moncel.
Soulosse.
Saint Elophe.
Courcelles.
Martigny-les Gerbonvaux.
Gemelaincourt.
Sauxures-les Bulgnéville.
Remonville.
Vouzey.
Vircourt.
Lonchamp.
Darney aux Chesnes.
Certillieux.
Barville.

Suitte des lieux qui composent le District de Salins l'Etape.

Autignéville.
Fruxe.
Landaville.
Ronceux.
Noncourt.
Ollainville.
Belmont.
Châtenoy.
Sandaucourt.
Morel-maison.
Haigneville.
Gironcourt.
Bouzey.
S. Remymont, & la Cense de Malmaison.
Chevaux.
Rainville.
Rébeuville.
Val de Circourt.
Tottainville.
Nourroy.
Mesnil-Saint-Oüain.
Biécourt & S. Pranchere.
Saint Paul.
Auxinvillers.
Pompierre.
Sommerécourt.
Goüécourt.
Brancourt.
La Grange Dauvillé.
Dommartin.
Dollancourt.
Saint Mange.
Outrancourt.
Roncourt.
Avouze.
Balleville.
Moncel.
La Cense de la Rapine, & le Meûnier de l'Estange.
Tilleux.
Harchechamp.
Hoüéville.
Rouve la Chétive.
Autigny la Tour.
Martigny devant la Marche.

MARQUISAT D'HAROUÉ.

Haroüé.
Ceintrey & Voinemont.
Lemainville.
S. Remymont & Herpemont.
Crantenoy.
Vadigny.
Gerbécourt & Aplemont.
Affroicourt.
Benney.
Ormes & Villes.
La Neuville devant Bayon.
Vadeville.
Xirocourt & Juvoncourt.

Dont les Droits seront pareillement payés comme d'ancienneté.

Tarif du Haut-Conduit de Salins-l'Etape.

SAVOIR:

Pour chacun Cheval attelé à Char ou Charettes de Marchandises, sera payé, 2. gros.

Du Virly

Du Virly de Vin tenant cinq meſures, 5. gros.

Suitte du Tarif du Haut-Conduit de Salins-l'Etape.

Ainſi de chaque meſure, 1. gros.

De la Queuë de Vin du Barrois & du Val de Metz, 2. gros.

Des Porte-paniers, 8. den.

Du Cheval Roucin, de quelque endroit qu'il vienne, conduit par gens du Pays, ou Forains, 8. den.

De la Jument, 6. den.

Du Bœuf, 8. den.

De la Vache, 6. den.

Du Mouton, Brebis, ou Chévre, 2. den.

Du Porc, & de la Laye, 2. den.

LE HAUT-CONDUIT DE CHATEAU-SALINS.

Lieux & Limites du District de Château-Salins.

Composé des Villes, Bourgs & Villages dépendans du Bailliage d'Allemagne, & des Lieux qui ſont ſitues entre la Seille & la Sarre, & entre la Moſelle & la Sarre, de même que ceux ſitués au-delà de la Sarre, qui Nous appartiennent, & dont les Droits ſéront pareillement payés comme d'ancienneté, ainſi qu'il enſuit.

Tarif du Haut-Conduit de Château-Salins.

Pour chacun Cheval attelé en Char ou Charette, chargé de Marchandiſes, quelles elles ſoient hors du Pays; comme, Draperie, Soye, Epicerie, Bonneterie, Napperie, Toiles, Fil, Armes, Salpetres, Ecailles, Ardoiſes, & toutes autres ſemblables, ſera payé, 2. gros.

Pour chacun Cheval attelé en Char ou Charette, menant toutes Marchandiſes du Pays; ſavoir, Fer fondu, ou battu, Poterie, & toutes autres Uſtenſiles de Fer, Ferrailles; Vans & Ouvrages de Vannerie, Selliers, Bourreliers; Sommiers, Bois de Maronage, Planches, Menuiſeries, Charbon & Hoüille; vieux Drapeaux, Hauts-Fromages, Pains blancs, & autres ſemblables, 1. gros.

De la quarte de Grains & de Légumes, pour fabriquer, 2. blancs.

De tous Chevaux indifféremment, ſoit de couples & autres, excepté les Porteurs, deux gros huit deniers de chacun, cy 2. gros 8. d.

Du Virly de Vin du Pays, Bierre, Cidre, deux gros huit deniers de chacun, & les autres Futailles à l'équipolent, 2. gros 8. den.

Du Virly de Vin de France ou d'Allemagne, cinq gros, ou un ſol de la meſure, cy 5. gros, ou 12. den.

Suitte du Tarif du Haut-Conduit de Château-Salins.

De tous Chevaux, Jumens & Asnes chargés de Marchandises, un gros, cy 1. gros.
Les Porte-paniers 6. deniers.
Du Ménage changeant de résidence de Village en d'autres, deux gros huit deniers, cy 2. gros 8. den.
Du Taureau ou Bœuf. 8. den.
Du Veau de lait. 4. den.
Du cent de Moutons ou Brebis, deux gros; & n'y ayant quantité si grande, deux deniers de la piéce, cy 2. den.
Du Bouc ou de la Chévre, 2. den.
De chacun Tonneau d'Huile. 3. gros.
Tous Verriers portant verres, en doivent un.
Du Char ou Charette chargé de poissons, six gros, ou deux poissons, étant au choix du Fermier de prendre l'un ou l'autre, 6. gros, ou 2. poissons.
Du Char chargé de Bois de chêne & autres, tant en cordes qu'autrement, deux gros huit deniers; & de la Charette à l'équipolent, 2. gros 8. den.
De la Meule de Moulin. 9. gros.

Le droit de Haut-Conduit sera payé au Bureau du chargement.

ORDONNONS qu'à l'égard des Denrées & Marchandises, qui se chargeront dans l'étenduë de chacun desdits Districts, ledit Droit de Haut-Conduit en sera payé au Bureau le plus prochain du lieu du chargement.

Demeureront néanmoins franches & exemptes dudit Droit de Haut-Conduit, les Marchandises & Denrées qui seront voiturées, ou qui seront transportées d'un lieu à un autre dans l'étenduë du même District.

Et à l'égard des Droits de Foraines, de Traverses & Impôts sur les Toiles, les Droits en seront payés & acquittés, conformément aux Ordonnances, Réglemens & Tarifs énoncés en l'Arrêt de notre Conseil des Finances, du six Septembre mil sept cens trois.

Permis d'établir des Bureaux.

Et pour faciliter la levée & perception desdits Droits, permettons à nos Fermiers, Receveurs & Préposés à la Recette, d'établir des Bureaux dans les lieux qu'ils trouveront & jugeront le plus nécessaire, & le plus à portée.

Peines des contraventions.

Voulons que les Présentes soient exécutées en tous leurs points, sans que personne y puisse contrevenir directement ou indirectement, à peine, contre chacun des contrevenans, de cinq cens frans d'amande, confiſcation des Marchandiſes, Chevaux & Harnois, dont le tiers Nous appartiendra, le tiers au Fermier, & l'autre au Dénonciateur.

Enjoignons à tous nos Juges, Procureurs Généraux & Subſtituts, de tenir la main à l'exécution du préſent Réglement ; & en cas de contravention, Nous en avons attribué & attribuons, à l'excluſion des Officiers des Hautes-Juſtices, la connoiſſance en premiere inſtance, aux Juges de nos Prévôtés dans les lieux où il n'y a pas de Bailliage, ſauf l'Appel par-devant ceux qui en doivent connoître en dernier reſſort.

Et quand les contraventions ſe commettront dans les lieux où il y aura Bailliage, en attribuons la connoiſſance aux Officiers deſdits Bailliages, ſauf pareillement l'Appel par-devant leſdits Juges qui en doivent connoître en dernier reſſort.

SI DONNONS EN MANDEMENT à nos très chers & féaux les Préſidens, Conſeillers, & Gens tenans notre Cour Souveraine de Lorraine & Barrois ; Préſidens, Conſeillers, Auditeurs, & Gens tenans nos Chambres des Comptes de Lorraine & de Bar ; Baillifs, leurs Lieutenans Généraux, Procureurs Généraux, leurs Subſtituts ; Prévôts, leurs Lieutenans, Receveurs, Controlleurs, Fermiers, Commis, & à tous autres nos Officiers qu'il appartiendra, de faire obſerver & ſe conformer, chacun à ſon égard, à notre préſent Réglement, ſans permettre qu'il y ſoit contrevenu directement ni indirectement ; CAR AINSI NOUS PLAÎT. En foi de quoi Nous avons aux Préſentes, ſignées de notre main, & contreſignées par l'un de nos Secrétaires d'Etat, Commandemens & Finances, fait mettre & appendre notre grand Scel. DONNE' à Lunéville au mois d'Août, l'an de grace mil ſept cens quatre.

Signé, LEOPOLD.

Et plus bas, J. LE BEGUE, *avec Paraphe. Et ſcellé du grand Sceau de Cire rouge.*

LU, publié & régiſtré l'Audiance tenante : Ouï & ce requérant le Procureur Général, pour être ſuivi & exécuté ſelon ſa forme & teneur : Ordonné qu'à ſa diligence Copies duëment collationnées ſeront envoyées dans tous les Bailliages, & Siéges dépendans du reſſort de la

Cour, pour y être pareillement lû, publié, suivi, exécuté & régistré. Enjoint aux Substituts de chacun desdits Lieux, de tenir la main à l'exécution, & d'en certifier la Cour au mois. Fait à Nancy en la Salle du Palais, le vingt-uniéme Août mil sept cens quatre, en présence du Greffier soussigné.

Signé, VAULTRIN.

LU & publié l'Audiance tenante; Oüi & ce requérant le Substitut du Procureur Géneral; Ordonné qu'il sera régistré ès Régistres de la Chambre-Cour des Aydes, pour être suivi & exécuté selon sa forme & teneur; & qu'à la diligence du Procureur Général, Copies duëment Collationnées, seront envoyées tant dans les Lieux ressortissans à la Chambre-Cour des Aydes, qu'ès Prévôtés & Bailliages, pour y être pareillement, à la diligence des Substituts dudit Procureur Géneral, lû, publié & enrégistré dans chacun lieu, dont ils certifieront la Chambre au mois. Ordonne pareillement que les Appellations des Sentences renduës tant aux Prévôtés qu'aux Bailliages, se releveront à la Chambre-Cour des Aydes. Fait en ladite Chambre-Cour des Aydes, à Nancy, le vingt-un Août mil sept cens quatre.

Signé, REGNIER.

EXTRAIT

EXTRAIT DES REGISTRES DU CONSEIL DES FINANCES DE SON ALTESSE ROYALE.

Du Vendredy 4. May 1708.

Messieurs DE MAHUET, DE BEAUFREMONT, VIGNOLES, MARCHAL, DE SUZE'MONT, présens, & Monsieur DE BARBARAT.

SUR la Requête des Chefs de Police, Maire & Conseillers de l'Hôtel de Ville de Vezelize, qui demandent que ladite Ville de Vezelize, avec les Villages de Houdreville, Autrey & Ommellemont, soient distraits du Haut-Conduit de Nancy, pour être placés dans celui de Salins-Létape, où est tout le Comté de Vaudémont, dont Vezelise est le Chef-lieu.

A été délibéré que, pour les raisons contenuës en ladite Requête, ladite Ville de Vezelize demeurera distraite du Haut-Conduit de Nancy, pour être placée dans celui de Salins-Létape.

Signé à la Minutte, MAHUET, *avec Paraphe.*

Pour Extrait, Signé, HENRION, *Secrétaire du Conseil.*

ARREST
DE LA CHAMBRE DES COMPTES DE LORRAINE,

Dont l'exécution est ordonnée par l'Article 22. de la Déclaration du Roi du 18. Mai 1750. faisant Bail des Fermes Générales à LOUIS DIETRICH;

Qui enjoint de prendre des Acquits à Caution pour les Voitures & Marchandises conduites dans les Lieux limitrofs.

Du 24. Janvier 1708.

ENTRE Jean Ferry, Pierre Lavier, & Jean Bailly, Voituriers demeurans à Iche, & autres Villages voisins, Demandeurs aux fins de leur Requête & Exploit du jour d'hier, controllé à Nancy cejourd'hui par Maître Etienne d'Hablenville, & François Barail, ses Avocat & Procureur; d'une part: & Me. Bennoît la Combe, Fermier Général des Gabelles de Lorraine & Barrois, comme prenant le fait & cause en défenses pour Charles Dupont, préposé au Bureau des Acquits de cette Ville; Défendeur par Maître Dominique Mathieu, & Charles Dévillers, ses Avocat & Procureur; d'autre part.

Ouï d'Hablenville, Avocat des Demandeurs, qui a conclu à ce que le Défendeur fût condamné de leur bailler les Hauts-Conduits nécessaires, en payant les Droits dûs pour les Marchandises, dont leurs Chariots sont chargés de cette Ville, pour mener à Iche; & pour les avoir injustement refusés & arrêtés, le condamner en cent frans de dommages & intérêts; attendu le retard qu'il leur cause; & qu'ils soient déchargés de prendre des Acquits à Caution, & aux dépens.

Mathieu pour le Défendeur, qui a conclu à ce qu'il soit renvoyé de la Demande principale; & que, faisant droit sur la Demande incidente qu'il a formée sur le Barreau, les Demandeurs au principal soient tenus de prendre des Acquits à Caution, attendu qu'ils voiturent leurs Marchandises dans un lieu limitrof; & condamner lesdits Demandeurs aux dépens: Et Hugo pour le Procureur Général.

LA CHAMBRE a reçu la Demande incidente formée sur le Barreau par la Partie de Mathieu; & y faisant droit, sans s'arrêter à la Requête des Parties de d'Hablenville, les a condamnés de prendre un Acquit à Caution pour raison des Marchandises dont il s'agit. Et faisant droit sur les Conclusions du Procureur Général, enjoint à tous Voituriers de prendre des Acquits à Caution pour toutes les Voitures & Marchandises qu'ils conduiront dans les lieux limitrofs des Etats de Son Altesse Royale; & ce par provision, & jusqu'à ce qu'il en sera par Elle autrement ordonné: à l'effet de quoi lui sera fait de très humbles remontrances d'y pourvoir incessamment, par une Déclaration expresse; tous dépens compensés entre les Parties, à la réserve du coût & conclusions du présent Arrêt, qui demeurera à la charge de la Partie de Mathieu.

FAIT en la Chambre à Nancy, le vingt-quatriéme Janvier mil sept cens huit.

Signé à la Minutte, C. SERRE.

Expédié cejourd'hui vingt-trois Juin mil sept cens cinquante, par le Greffier soussigné;

Collationné, N. ROUSSELOT.

ARTICLES
DU TRAITÉ DE PARIS
Du 21 Janvier 1718,

Qui concernent la liberté de Commerce & de Communication réciproque entre la Lorraine & la Généralité de Metz.

ARTICLE XXXIII.

AR l'Article XL. du Traité de Riswick, ayant été stipulé que l'on conservera entre la Lorraine & les Evêchés de Metz, Toul & Verdun, l'ancien usage & liberté de Commerce, qui doit doresnavant être exactement observé avec avantage réciproque des deux Parties; il a été jugé à propos, pour l'utilité commune desdits Evêchés & de la Lorraine, d'expliquer par le présent Traité, plusieurs points, & de régler des difficultés à l'occasion de l'ancien usage & liberté de Commerce entre les deux Pays, *même* d'ajoûter audit Article du Traité de Riswick, concernant cette matiere; afin que la réciprocité qui a été l'objet desdits Usages, & des Concordats si souvent réïtérés entre les Evêchés & la Lorraine, soit encore mieux entretenuë, ainsi qu'il sera porté par les Articles suivans. K

XXXIV.

En exécution des mêmes Concordats, & des Priviléges respectivement accordés pour le Commerce, entre les Villes & Evêchés de Metz, Toul & Verdun, & leurs Territoires, & les Etats de Lorraine, Terres & Pays appartenans au Duc; il y aura une *entiere* liberté de Commerce & de communication réciproque entre les deux Pays, *pour y faire entrer, vendre & débiter*, ou simplement *passer, traverser & sortir*, toutes sortes de Denrées, Vivres & Marchandises, *du crû ou de la Fabrique* desdits deux Pays; à la charge de satisfaire *aux Péages anciens* seulement, tels & en la maniere déclarée ès Articles suivans; sans qu'il puisse *à l'avenir* être demandé, ni levé de part & d'autre, aucuns autres Droits, quels qu'ils puissent être, au préjudice de ladite liberté de Commerce, *pour le besoin & pour la consommation mutuelle desdits deux Pays*.

XXXV.

Les Habitans des mêmes Pays pourront encore réciproquement y faire entrer, vendre & débiter, ou simplement passer, traverser & sortir des Denrées, Vivres & Marchandises, *provenans* des Manufactures & Etats étrangers, en satisfaisant *aux anciens Péages*, comme en l'Article précédent. Et en cas de Marchandises étrangeres, dont l'entrée, l'usage ou le commerce seroient prohibés dans l'une ou dans l'autre des deux Dominations, elles y pourront *passer debout, traverser & sortir*, en observant les conditions & précautions exprimées ès Articles 58, 59, 60, 61, 62 & 63 du présent Traité, & *toujours en satisfaisant aux anciens Péages*.

XXXVI.

Ce qui est porté par les deux Articles précédens, sera observé pareillement pour & dans les Villes & Lieux faisant partie *de la Généralité de Metz*, qui ont été cédés à la Couronne de France; soit par l'Espagne dans le Traité des *Pyrenées du 7 Novembre 1659*, soit par le Duc Charles de Lorraine, dans le Traité de *Vincennes, du dernier Février 1661*, soit par Son Altesse

Royale, dans le Traité de *Riſwick, du 30 Octobre 1697*, & dans *le préſent* : toutes leſquelles Villes & Lieux *étant limitrophes, enclavés ou voiſins* des Etats du Duc, participeront à la liberté, réciprocité, & mutuelle communication, en la maniere cy-devant énoncée ; bien entendu que les Villes, Lieux & Pays dépendans de l'Intendance *de Champagne*, qui ſont pourtant de la Généralité de Metz, pour le *fait des Impoſitions* ordinaires, demeurent *exceptés*, comme du paſsé, du bénéfice deſdits réciprocité & Concordats.

XXXVII.

TOUS leſdits Sujets de part & d'autre pourront librement, & en tous tems, tirer & tranſporter les Fruits, Vivres & Denrées de *leur crû & concrû*, de l'un deſdits Pays à l'autre, *excepté* en cas de diſette ſi conſidérable, que ſi les Fermiers, ou Cultivateurs des Héritages, payant à leurs Maîtres en Grains le prix de leurs Baux, ou Admodiations, vulgairement appellé *Canon*, il ne reſtât pas auxdits Fermiers des Grains en ſuffiſance pour réenſemencer les Terres affermées : en ce cas, les Propriétaires ſeront obligés de leur laiſſer les Semences *néceſſaires*, ſauf à les reprendre par préférence & privilége, à la Recolte ſuivante.

XXXVIII.

POURRONT auſſi les Sujets des deux Pays acheter, *commercer & tranſporter*, toutes eſpéces de Fruits, Vivres & Denrées, autres que de *leur crû & concrû*, réciproquement, comme bon leur ſemblera : à *condition* néanmoins qu'en cas de diſette conſidérable, il ne leur ſera pas permis de faire *ſortir* deſdits deux Pays les choſes *néceſſaires à la vie*, qu'ils y auront achetées, ou commercées, pour les envoyer dans aucuns autres Pays, quels qu'ils ſoient ; leſquels Pays, audit cas de diſette, ſont, par le préſent Traité, *réputés étrangers*, par raport au Pays de la Généralité de Metz, compris dans le préſent Traité, & aux Etats de Sadite Alteſſe Royale ; l'*intention* de ce concert de réciprocité n'étant que pour ſubvenir, en cas de diſette, aux *beſoins* & à la *conſommation naturelle* deſdits deux Pays.

XXXIX.

Les Habitans desdits Pays auront la faculté de transporter d'un Pays à l'autre, *franchement & librement* en tout tems, même en cas de disette, *les Gerbes de Grains, les Foins, les Raisins ou Vendanges, & autres Fruits* qu'ils recueilleront *en espéces* sur les Héritages dont ils sont Propriétaires, *Fermiers* ou Cultivateurs, situés dans les Bans & Finages dépendans de l'un ou de l'autre Pays, lorsque lesdits Héritages *feront partie*, & seront dans la proximité des *Métairies, Fermes, Gagnages & Terres*, dont le corps, ou le gros sera situé en celui de l'autre Etat ou Pays, *où réside le Sujet* qui en voudra faire le transport; sans que, pour raison d'*icelui*, il puisse être assujetti à aucune *sorte de Droit*.

X L.

La même liberté & faculté subsistera pour tous *les Fruits, Vivres & Denrées*, que les Sujets de chacun desdits Etats & Pays auront *de leur cru & concru*, ès biens qui leur appartiennent, ou qu'ils tiendront *à Ferme ou à Loyer, dans le Détroit du Territoire particulier où ils feront leur résidence*; lesquels Fruits, Vivres & Denrées ils pourront librement *transporter* d'un lieu dudit Pays à l'autre, quand bien même dans ce transport ils passeroient *accidentellement* sur quelque *partie du Territoire de l'autre Etat & Pays comme Territoire emprunté*; sans que, pour raison de ce *passage*, il puisse être exigé *aucun Droit*, quel qu'il soit.

X L I.

Il a été convenu que *les anciens Péages* des Etats & Pays du Duc de Lorraine, sont les *Droits de Haut-Conduit* spécifiés dans *sa Déclaration du mois d'Août 1704*, fondée sur les anciennes Ordonnances, Réglemens & Tarifs de ses Prédécesseurs; *suivant* laquelle Déclaration, tous lesdits Sujets *de la Généralité de Metz*, compris au présent Traité, *payeront le Droit de Haut-Conduit*; à la réserve de ceux qui seront compris *dans les Articles 43, 44, 45, 46 & 47* cy-après, qui ne le *payeront que suivant les modifications* y énoncées; & en conséquence, *les Bureaux* établis tant avant que depuis ladite Déclaration, *& tous les autres* que Sadite Altesse Royale, & ses successeurs, *ou leurs Fermiers Généraux*, trouveront *à propos d'établir*, ou de changer dans la suite, pour la perception desdits Droits, subsisteront; *à condition* toutefois que le Droit de Haut-Conduit *ne sera levé* qu'une seule fois dans chacun *des cinq Districts*, ou Départemens qui font la division de son Pays, *conformément à ladite Déclaration*; au moyen de quoi, il ne sera donné aucun empêchement aux Voituriers ou Conducteurs de Marchandises ou Denrées sujettes à ce Droit, lorsqu'ils l'auront *payé au premier Bureau* du District où ils passeront, en représentant au Commis *des autres Bureaux* du même District sur la Route, *l'Acquit-de-Paye* du Bureau où ils auront acquitté le Droit.

XLII.

LES *Acquits-de-Paye de Haut-Conduit* seront expédiés sous *les noms des Voituriers & Conducteurs* desdites Marchandises & Denrées; *& il ne sera délivré qu'un Acquit* pour toutes celles qui seront comprises dans *une seule Lettre-de-Voiture*, & sous la conduite d'un *même Voiturier*.

XLIII.

LES *Traités & Conventions passées en 1614, 1615 & autres années*, entre les Evêques de Metz, & les Ducs de Lorraine, *sont confirmés* par le présent; & en conformité de ce qui y est porté, *les Sujets & Habitans de l'Evêché de Metz seront exempts des Droits de Haut-Conduit* pour tous *les Grains, Foins, Pailles & Bois* provenans *de leur cru & concru*, soit en les *transportant* des Pays du Duc dans ledit Evêché, *pour les y consommer*, soit dudit Evêché dans les Pays de Sadite Altesse Royale, *pour les y commercer*; mais ils seront *seulement assujettis* au Droit de Haut-Conduit, pour *les Fruits, Denrées & Effets* qui leur proviendront *d'Achat, Commerce, Ferme ou Admodiation* qu'ils auront faits, tant dans lesdits Pays de l'Evêché & de Lorraine, *que hors d'iceux*, suivant *les Tarifs réglés par lesdits Traités* pour les Districts *de Châteausalins, de Nancy & de Salins-l'Etape*, y énonces ſous les dénominations *de Salonne*, *Drouville & de Domepvre*; & ce pour les choſes marquées audit Tarif ſeulement.

XLIV.

TOUS les Sujets & Habitans *de la Ville de Phalſebourg*, des Villages & dépendances de *la Principauté* dudit Phalſebourg, cédés au Roi, tant par ledit Traité *du dernier Février 1661*, que par le *préſent*; les Habitans de *la Ville de Saarbourg*, des Villages de *Niderſwiller*, & autres compris *dans la Route* de Metz audit Phalſebourg, formée en exécution du même Traité de 1661, *ſont faits participans* des diſtinctions & avantages acquis dans les Etats du Duc, *aux Sujets & Habitans de l'ancien Territoire de l'Evêché de Metz*, par les Conventions d'entre les Evêques de Metz, & les Ducs de Lorraine; moyennant quoi, la réciprocité y ſtipulée en faveur des Sujets deſdits Ducs dans ledit Evêché de Metz, ſera, à leur égard, pareillement pratiquée dans leſdites Villes & Lieux de Phalſebourg, Saarbourg, Niderſwiller, & autres énoncés au préſent Article.

XLV.

LES Bourgeois & Habitans de *la Ville de Toul & Pays Toulois*, demeureront *exempts & déchargés* des Droits de Haut-Conduit de *S. Epvre*, dont le Bureau eſt transféré à Gondreville, *dans tout ſon Diſtrict*, pour toutes ſortes de *Fruits, Denrées & Marchandiſes néceſſaires à leurs propres beſoins & conſommation* dans ladite Ville & Pays Toulois. Seront encore leſdits Bourgeois & Habitans *exempts* de tous Droits de Haut-Conduit *dans les quatre autres Diſtricts*, pour les Fruits & Denrées *de leur cru & concru*, qu'ils tranſporteront des Etats du Duc dans ladite Ville de Toul & Pays Toulois, *pour y être conſommés*; & réciproquement, les Sujets dudit Duc ſeront exempts de tous Droits pour le tranſport ou paſſage des Fruits & Denrées de leur cru & concru, qu'ils tranſporteront deſdites Villes de Toul & Pays Toulois, dans les Etats de Sadite Alteſſe Royale, pour y être pareillement conſommés: mais les Bourgeois & Habitans de *la Ville & Pays Toulois*, reſteront, comme du paſſé, ſujets *au Droit* de Haut-Conduit *pour les Fruits*,

Denrées & Marchandises qu'ils feront *passer* par les Etats du Duc, pour les *transporter* ailleurs que chez eux; & réciproquement, les Sujets de Son Altesse Royale payeront les anciens Droits à Toul, & Pays Toulois, dans ce dernier & pareil cas.

XLVI.

Il ne sera exigé ni perçu *aucun Droit de Haut-Conduit sur les menues Denrées*, qui seront portées en la Ville de *Verdun*, *pour y être consommées*; soit qu'on les porte à bras, ou à hottées, ou qu'elles y soient voiturées par chevaux, ânes, chars & charettes; comme, *Braize*, *Charbon*, *Fagots*, *Bois de Chauffage*, *Volailles*, *Poissons*, *Pommes*, *Poires*, & *autres menus Fruits*, qui paroîtront visiblement être destinés à l'usage des Bourgeois & Habitans de la même Ville.

XLVII.

Et en ce qui concerne les *anciens Droits*, que les Sujets dudit Duc seront obligés & tenus de payer *dans les trois Evêchés*, & autres Villes & Lieux *de la Généralité* de Metz, compris au présent Traité; lesquels Droits il est nécessaire de constater, pour prévenir toutes difficultés, tant par raport *aux origines* & aux différens établissemens desdits Droits, qu'aux *époques* des anciens Concordats; il a été convenu, que pour *les Villes & Lieux* des trois Evêchés & Terre de *Gorze*, ces Droits seront fixés & arrêtés sur le pied de l'usage de *l'année 1600*, dont on dressera des *Tarifs* par Commissaires de part & d'autre, sur les Titres, Documens, Régîtres & Renseignemens, ou Usages, à raporter par les Villes & Lieux des trois Evêchés, & de la Terre de Gorze.

Et à l'égard des *anciens Droits* du Roi, ou des Villes dans les Pays & Lieux cédés par l'*Espagne* à la Couronne de France, & qui sont joints à la Généralité de Metz, ils seront fixés à *l'époque de l'année 1642*, sur les Titres, Régîtres, Tarifs, Renseignemens & Usages à raporter par les Fermiers du Roi, leurs Préposés ou Commis, & par les Officiers des Villes, au cas qu'il plaise au Roi de faire ci-aprés percevoir les *anciens Péages* de Lorraine dans les Lieux cédés à Sa Majesté par les Ducs, ils seront fixés, comme il ensuit, dans les Villes de *Longwy*, *Marville*, *Sarlouis & Sierk*, & Villages & Lieux en dépendans, qui y sont sous la domination de France.

SAVOIR, que les Sujets de Lorraine, résidens dans le District ou Département *du Haut-Conduit du Barrois*, ne payeront point le Droit dudit Haut-Conduit dans Longwy, Marville, & Dépendances; & réciproquement, les Sujets du Roi èsdites Villes de *Longwy*, *Marville*, *& dépendances* seront *exempts du Haut-Conduit du Barrois dans tout son District*: mais le surplus des Sujets du Duc venant èsdites Villes de Longwy, Marville, & dépendances, payeront le Haut-Conduit du Barrois.

LES Sujets de Sadite Altesse Royale, résidans dans l'étenduë du Haut-Conduit de Châteausalins, ne payeront pas le Droit d'icelui, dans les Villes de Sarlouis, Sierk, & leurs dépendances; & réciproquement, les Sujets du Roi desdites *Villes de Sarlouis*, *Sierk & dépendances* seront *exempts du Droit de Haut-Conduit de Châteausalins dans tout son District*: mais le surplus des Sujets de Lorraine venant èsdites Villes de Sarlouis, Sierk & dépendances, payeront le Haut-Conduit de Châteausalins, le tout suivant que les Droits de Haut-Conduit du Barrois & de Châteausalins sont énoncés dans la Déclaration de *Lorraine du mois d'Août 1704*; à l'exception néanmoins des cas portés aux *Articles 39 & 40* du présent Traité, *pour lesquels* les Sujets des deux Souverains demeurent réciproquement *exempts de tous Péages & Droits*.

XLVIII.

LES Sujets de Son Altesse Royale, qui voudront déposer *leur Bois* sur le Port de la Riviere de Mozelle près la *Ville de Toul*, y payeront les Droits de la Ville sur ledit Port, tant & si long-tems qu'ils voudront s'en servir *seulement*.

XLIX.

OUTRE *les Droits anciens de Lorraine* ci-devant spécifiés, que les Sujets des *trois Evêchés*, & des Pays dépendans de la *Généralité* de Metz compris dans le présent Traité, doivent payer

payer dans les Etats du Duc, *ils feront encore obligés de payer* tous les autres Droits y établis, foit *d'Entrée & Iffuë-Foraine, de Traverfe & autres*, pour les Vivres, Denrées & Marchandifes *qui ne feront deftinées à leurs befoins & confommations naturelles*, mais dont ils feront *commerce*, & qu'ils voudront *tranfporter* ailleurs que dans lefdits Pays de *la Généralité de Metz*.

L.

Le Traité ou Concordat du 18 Juin 1604 fubfiftera felon fa forme & teneur, & *demeurera commun* avec tous lefdits Sujets, lefquels, en conféquence, *feront obligés de prendre des Acquits-à-Caution* dans les Bureaux *où ils chargeront*, s'il y en a d'établis; fi-non au premier Bureau plus *prochain* de leur paffage, pour les Vivres, Denrées & Marchandifes, qu'ils deftineront *à l'ufage & confommation de l'un ou de l'autre defdits deux Pays*; lefquels Acquits-à-Caution feront *expédiés fans déballer*, fous le *nom* de chaque Propriétaire & Marchand qui fera *entrer, paffer ou fortir* lefdits Vivres, Denrées ou Marchandifes, *& non* fous le nom des Voituriers & Conducteurs d'icelles: pour l'effet duquel Acquit-à-Caution, ils donneront *Gages ou Caution*, de renvoyer dans *quinze jours, ou trois femaines* au plus tard, lefdits Acquits certifiés par l'un *des Officiers* qui fera commis à ce fujet *dans chacun Hôtel de Ville* defdits Etats & Pays, *& par le Maire, ou principal Officier* des Bourgs, Villages & autres Lieux où les déchargemens auront été faits, *portant* que les Vivres, Denrées & Marchandifes mentionnées & déclarées efdits Acquits-à-Caution, y auront été déchargées, pour y être *diftribuées fans fraude*; & fera l'émolument *des Commis* des Bureaux fixe à *quatre gros*, faifant *trois fols tournois*, pour la délivrance, réception & décharge de chacun defdits Acquits-à-Caution.

L I.

Les Habitans de l'Evêché de Metz feront, fuivant le *Traité du 25 Septembre 1610*, *difpenfés de prendre* dans les Etats du Duc *des Acquits-à-Caution*, en la forme portée en l'Article précédent, de même que *ceux de la Principauté de Phalſebourg, de Saarbourg, de Niderſwiller*, & des Lieux compris *en la Route de Metz à Phalſebourg*, réglée en exécution du Traité de 1661; *à la charge* néanmoins de donner par les uns & par les autres *au Commis* du premier Bureau des Etats de Lorraine *où ils chargeront*, ou dans le plus *prochain* de leur paſſage, *un Certificat écrit & ſigné d'eux, ou d'un Tabellion*, portant declaration *de la quantité & qualité* des Denrées & Marchandiſes ſujettes auxdits *Impôts*, qu'ils y auront *chargées ou fait paſſer*, pour les *tranſporter* dans les Terres de l'Evêché de Metz, Principauté de Phalſebourg, Saarbourg, Niderſwiller, & autres Lieux de ladite Route; *avec promeſſe* de raporter témoignage d'un Officier de l'Hôtel de Ville ou de Juſtice, *dans quarante jours*, d'y avoir conduit & déchargé leſdites Denrees & Marchandiſes: *moyennant* lequel Certificat, *le Commis* du Bureau Lorrain leur delivrera *un Paſſe-avant ſans frais*, qui ſera renvoyé avec ledit Certificat, & Témoignage de déchargement.

L I I.

Les Sujets des trois Evêchés & des Pays de la Généralité de Metz, ci-devant déſignés, qui feront *embarquer au Crône de Nancy*, & voiturer par eau dudit Nancy à Metz, des Effets, Denrees ou Marchandiſes, *ſeront tenus*, outre les Droits *du Haut-Conduit de Nancy*, & des autres Diſtricts, ſelon les differens cas ci-devant expliqués & déterminés, *de payer* encore pour le Droit du Crône, ce qui eſt porté *au Tarif de 1666*, ainſi que le payent les propres Sujets du Duc, & tous autres; *moyennant quoi*, leſdits Sujets des trois Evêchés & des Pays de ladite Généralité, *ne payeront pas le Haut-Conduit du Barrois*, en paſſant par eau ès Villes & Lieux où la Riviere de Mozelle *touche* aux Terres du Barrois, entre Nancy & Metz.

L I I I.

Il en ſera de même pour les Effets, Denrées ou Marchandiſes, que les mêmes Sujets feront *embarquer à Metz*, pour les amener ſur ladite Riviere à Nancy, pour leſquelles *ils ne payeront* rien en paſſant ſur le Diſtrict *du Haut-Conduit du*

Barrois ; mais *ils payeront le Haut-Conduit de Nancy , & les Droits du Crône , en y arrivant.*

L I V.

A l'égard des Effets, Denrées & Marchandises, que les mêmes Sujets voudront *embarquer sur la Mozelle*, dans les Lieux du District *du Haut-Conduit du Barrois*, qui sont entre les Villes *de Nancy & de Metz*, ou qui après avoir été *embarquées à Nancy ou à Metz, seroient déchargées en chemin*, dans l'étenduë du même District de Haut-Conduit du Barrois ; lesdits Sujets *seront obligés* de payer le Droit dudit Haut-Conduit du Barrois, par raport *aux chars, charettes & chevalées* qui auront *transporté* lesdits Effets, Denrées & Marchandises, sur ou depuis les bords de ladite Riviere ; *à la réserve* néanmoins que, pour les Denrées provenantes *du crû & concrû* des Habitans de l'Evêché de Metz, Principauté de Phalsebourg, de Saarbourg, Niderswiller, & autres Lieux de la Route de Metz à Phalsebourg, *destinées à leur consommation*, pour lesquelles, suivant les *Articles 43 & 44* ci-devant, ils sont *exempts de payer aucun Haut-Conduit* ; ils seront, au cas susdit, pareillement *dispensés* de payer celui du Barrois. Il en sera de même pour les Habitans des Villes *de Longwy, Marville & dépendances ;* lesquels, suivant *l'Article 47* ci-devant, sont exempts du Haut-Conduit du Barrois.

L V I.

Au surplus, *tous les autres Traités ou Concordats* ci-devant faits entre lesdits *Etats & Pays*, seront observés & exécutés, en ce qui ne s'y trouvera *pas de changé ou dérogé* par le présent.

L V I I.

Les Sujets du Roi *de la Prévôté de Vaucouleur & dépendances, ne payeront aucun Droit, pas même de Haut-Conduit*, pour les Denrées & Marchandises *provenant* des Terres de la Domination de Sa Majesté, *qu'ils feront passer & traverser* sur celles du Duc, *pour la consommation de ladite Prévôté*

& dépendances ; non plus que pour celles *qu'ils transporteront* de ladite Prévôté & dépendances, *dans lesdites Terres* du Roi ; & réciproquement, les Sujets de Son Altesse Royale ne seront tenus de payer aucun Droit dans ladite Prévôté & dépendances pour le Passage & la Traverse qu'ils y feront de leurs Denrées & Marchandises, provenant des Etats dudit Duc, & qu'ils y porteront pour leur consommation.

ÉDIT

Portant Suppression du Droit de Haut-Conduit dans l'intérieur des Etats.

Du 4. Avril 1721.

LEOPOLD, par la grace de Dieu, Duc de Lorraine, de Bar & de Montferrat, Roi de Jerusalem, Marchis, Duc de Calabre & de Gueldres, Marquis de Pont-à-Mousson & de Nommeny, Comte de Provence, Vaudémont, Blamont, Zutphen, Sarwerden, Salm, Falkestein, Prince Souverain d'Arches & de Charleville, &c. SALUT.

La liberté si naturelle à l'homme, faisant qu'il envisage comme une chose trés à charge tout ce qui peut y être contraire; le Droit de Haut-Conduit qui s'est payé jusqu'à présent dans les différens endroits de nos Etats, Nous a paru gêner le Commerce, par la multiplicité des Droits que nos Sujets & les Etrangers sont obligés de payer dans les cinq différens Districts par lesquels ils passent; en augmentant la dépense, causant du retard aux Voituriers, & en donnant occasion à plusieurs difficultés: A quoi désirant remédier, Nous avons crû ne pouvoir mieux favoriser le Commerce, qu'en supprimant le Droit de Haut-Conduit,

L

(quoiqu'un des plus anciens de notre Domaine) en ce qu'il pourroit avoir de plus incommode & de plus gênant. A CES CAUSES, & autres bonnes & justes considérations à ce Nous mouvant, de l'avis des gens de notre Conseil, & de notre certaine science, pleine puissance & autorité souveraine, Nous avons par le présent Edit perpétuel & irrévocable, éteint & supprimé, éteignons & supprimons le Droit de Haut-Conduit établi en cinq Districts dans l'intérieur de nos Etats, Pays, Terres & Seigneuries de notre obéissance; & en conséquence, voulons que tant nos Sujets que les Etrangers, menent & conduisent librement, tant par terre que par eau, dans l'intérieur de nos Etats, toutes sortes de Vivres, Boissons, Marchandises & Denrées, sans, pour raison d'icelles, être tenus de payer aucun Droit de Haut-Conduit, établi, comme dit est, èsdits cinq Districts; duquel Droit Nous les avons déchargés & déchargeons, & les avons déclarés & déclarons par ces Présentes francs & exempts. Voulons néanmoins que tous ceux qui feront entrer dans nos Etats, Pays, Terres & Seigneuries de notre obéissance, ou en sortir des Boissons, Vivres, Marchandises, Denrées, ou toutes autres choses généralement quelconques, rendus sujets au Droit de Haut-Conduit par les anciennes Ordonnances & Réglemens faits en conséquence, & quoique de leur crû & concrû, soient tenus de payer au lieu de l'Entrée d'icelles en nos Etats, & au lieu de leur Sortie hors d'iceux, le Droit de Haut-Conduit, suivant le Tarif actuel du lieu de leur Entrée & Sortie, soit que lesdites Entrées ou Sorties se fassent par terre ou par eau. N'entendons néanmoins déroger en rien au Traité conclu à Paris le vingt Janvier mil sept cens dix-huit, au sujet de la perception dudit Droit de Haut-Conduit, en faveur des Habitans des trois Evêchés, & de la Généralité de Metz, lequel Nous voulons être suivi à leur égard selon sa forme & teneur. Et pour aucunement compenser la diminution que souffrent nos Droits par la suppression de celui de Haut-Conduit dans l'intérieur de nos Etats, ès cinq Districts avant dits, Nous avons dit, déclaré & ordonné, disons, déclarons & ordonnons, voulons & Nous plaît, qu'il soit levé une augmentation de Droit sur le Controlle des Exploits, Formules des Papiers & Parchemins timbrés, Acte d'Affirmation de Voyage, & sur le Controlle des Actes des Tabellions & Notaires, suivant

Le Droit de Haut-Conduit demeure supprimé dans l'intérieur des Etats.

Mais ce Droit doit être acquitté pour l'Entrée & la Sortie, sur toutes choses généralement quelconques, même du crû & concrû.

Le Traité de Paris sera suivi suivant sa forme & teneur.

& conformément au Tarif en dressé, lequel est ci-joint sous notre Contre-scel; pour être ladite augmentation de Droit levée & perçuë du jour de la publication des Présentes.

SI DONNONS EN MANDEMENT à nos très chers & féaux les Présidens, Conseillers, & Gens tenans notre Cour Souveraine de Lorraine & Barrois; Présidens, Conseillers, Maîtres, Auditeurs, & Gens tenans nos Chambres des Comptes de Lorraine & de Bar; Baillifs, Lieutenans Généraux, Particuliers, Conseillers, & Gens tenans nos Bailliages de Bar & de Bassigny, Siége de S. Thiébaut; Prévôts, Mayeurs, & à tous autres nos Officiers, Justiciers, Hommes & Sujets qu'il appartiendra, que ces Présentes ils fassent lire, publier, régistrer & afficher par-tout où besoin sera, & le contenu en icelles garder & observer, sans permettre qu'il y soit contrevenu directement ni indirectement: CAR AINSI NOUS PLAÎT. En foi de quoi Nous avons aux Présentes, signées de notre main, & contresignées par l'un de nos Conseillers-Secrétaires d'Etat, Commandemens & Finances, fait mettre & appendre notre grand Scel.

DONNE' en notre bonne Ville de Nancy, le quatre Avril mil sept cens vingt-un.

Signé, LEOPOLD.

Et plus bas, Par Son Altesse Royale,

LABBE.

Registrata, TALLANGE.

LU, publié & régistré; Oüi & ce requérant le Procureur Général de S. A. R. ordonné qu'il sera suivi & exécuté selon sa forme & teneur; & qu'à la diligence dudit Procureur Général, Copies collationnées seront envoyées dans tous les Bailliages & autres Siéges ressortissans à la Cour, pour y être pareillement lû, publié & régistré, suivi & exécuté; Enjoint aux Substituts des Lieux, de tenir la main à son exécution, & d'en certifier la Cour au mois. Fait à Nancy, l'Audiance publique tenante, le vingt-un Avril mil sept cens vingt-un.

Signé, VAULTRIN.

LU & publié ; Oüi & ce requérant le Febvre, pour le Procureur Général ; La Chambre ordonne que le présent Edit sera régistré en ses Greffes, pour être suivi & exécuté selon sa forme & teneur ; & qu'à la diligence du Procureur Général, Copies d'icelui dûëment collationnées, seront incessamment envoyées en tous les Siéges du ressort de la Chambre, pour y être pareillement lû, publié, régistré & affiché ; suivi & exécuté, dont ses Substituts certifieront la Chambre au mois ; & que pareilles Copies seront envoyées à toutes les Communautés de sondit Ressort. Fait en ladite Chambre à Nancy, le vingt-trois Avril mil sept cens vingt-un.

Signé, RENNEL.

Et plus bas, J. FRIMONT, *avec paraphe.*

DÉCLARATION

QUI permet au Fermier des Droits de Foraine, de continuer à percevoir un Sol tournois, pour le Papier timbré de chaque Acquit de Paye &c.

Du 20. Décembre 1722.

LEOPOLD, par la grace de Dieu, Duc de Lorraine, de Bar, de Montferrat & de Teſchen, Roi de Jeruſalem, Marchis, Duc de Calabre & de Gueldres, Marquis de Pont-à-Mouſſon & de Nommeny, Comte de Provence, Vaudémont, Blamont, Zutphen, Sarwerden, Salm, Falkeſtein, Prince Souverain d'Arches & de Charleville, &c. A tous ceux qui ces Préſentes verront; SALUT. Etant informé qu'il y a conteſtation entre Pierre Charlier, Fermier Général des Hauts-Conduits, Entrées & Iſſuës-Foraines, Papiers & Parchemins timbrés; & pluſieurs Particuliers, à l'occaſion du prix du Papier timbré, des Acquits de Paye & à Caution; pour raiſon de quoi ledit Charlier perçoit un Sol tournois par Acquit, depuis l'Edit du quatre Avril dix-ſept cens vingt-un, qui a augmenté le prix du Papier timbré; au lieu que les précédens Fermiers n'ont exigé que neuf deniers, prétendant que ledit Charlier doit ſe contenter du même prix, d'antant plus que la Feüille dont les Régistres sont composés, n'est fixée en blanc qu'à deux Sols neuf deniers, qu'elle produit quatre Acquits, qui ne reviennent pour chacun qu'à huit deniers & un quart. Mais, outre le prix dudit Papier timbré desdits Acquits, nos précédens Fermiers ont été en usage de perçevoir quatre deniers de chacun, pour s'indemniser de la dépense de l'impression & reliûres des Régistres ; ce qui revient en tout à onze deniers & quelques fractions : aussi c'est sur ce pied que le prix du Bail dudit Charlier a été arrêté. Et voulant faire cesser lesdites contestations, & expliquer plus particuliérement nos intentions, pour être suivies, exécutées & observées dans tous nos Etats ; après avoir fait examiner en notre Conseil notre Réglement du mois de Mai dix-sept cens quatre, au sujet de la distribution & consommation des Papiers & Parchemins timbrés, l'Edit du quatre Avril dix-sept cens vingt-un, & Tarif y attaché portant augmentation du prix d'iceux ; ensemble les Mémoires représentés. A CES CAUSES, & autres bonnes considérations à ce Nous mouvant, de l'avis des Gens de notre Conseil, & de notre certaine science, pleine puissance & autorité souveraine ; Nous avons par ces Présentes declaré & ordonné, déclarons & ordonnons, voulons & Nous plaît, que ledit Charlier continuë de percevoir un Sol tournois pour le Papier timbré de chaque Acquit de Paye, de Hauts-Conduits, Entrées, Issuës-Foraines & Acquits à Caution ; avec défenses à toutes personnes de l'y troubler ni inquietter, à peine de mille frans d'amande, de tous dépens, dommages & intérêts.

SI DONNONS EN MANDEMENT à nos très chers & féaux les Présidens, Conseillers, Maîtres, Auditeurs, & Gens tenans notre Chambre du Conseil & des Comptes de notre Duché de Bar, & à tous autres nos Officiers & Justiciers, qu'il appartiendra, que les Présentes ils fassent lire, publier, régistrer & afficher par-tout où besoin sera, & le contenu en icelles garder, exécuter & observer, sans permettre qu'il y soit contrevenu directement ni indirectement : CAR AINSI NOUS PLAÎT. En foi de quoi Nous avons aux Présentes, signées de la main de notre très cher & très aimé Fils aîné, & contresignées par l'un de nos Conseillers & ecrétaires d'Etat, Commandemens & Finances, fait mettre & appendre notre grand Scel.

DONNE' en nôtre bonne Ville de Nancy, le vingtiéme Décembre dix-sept cens vingt-deux.

Signé, LEOPOLD CLEMENT.

Et plus bas, Par Son Alteſſe Royale,

OLIVIER.

Regiſtrata, TALLANGE, *avec paraphe.*

LE ſouſſigné Conſeiller, Secrétaire du Cabinet de Son Alteſſe Royale, & Greffier en Chef de ſon Conſeil, certifie que la Déclaration ci-deſſus, a été vue, lûe, examinée & ſcellée à l'Audiance des Sceaux, tenue à Nancy cejourd'hui vingt-quatriéme Décembre dix-ſept cens vingt-deux.

Signé, L. VAUERRIN, *avec paraphe.*

LA Chambre a donné Acte de la lecture; Oüi & ce requérant le Procureur Général ordonné qu'elle ſera régiſtrée, pour y avoir recours, le cas échéant, & que Copies ſeront envoyées dans tous les lieux du Reſſort de ladite Chambre, , pour y être pareillement lûes, publiées & affichées aux frais & dépens du Fermier. Fait en ladite Chambre du Conſeil & des Comptes du Duché de Bar, le vingt-huitiéme Décembre mil ſept cens vingt-deux.

Signés, D'ALENÇON & DE LAMORRE, *avec paraphes.*

L'An mil ſept cens vingt-deux, le Mercredy trente Décembre avant midi, la Déclaration ci-devant énoncée, émanée du Conſeil d'Etat de Son Alteſſe Royale, a été publiée à ſon de Tambour au-devant de l'Auditoire de la Ville de Bar, & ès lieux accoûtumés, de l'Ordonnance de Noſſeigneurs de la Chambre du Conſeil & des Comptes du Duché de Bar; par moi Huiſſier Audiancier en ladite Chambre, ſouſſigné les jour & an ſuſdits.

Signé, J. COLLESSON, *avec paraphe.*

ARREST
DE LA CHAMBRE DES COMPTES
DE LORRAINE,

QUI ordonne que les Bois entrans en Lorraine, tant par terre que par eau, venans des Pays étrangers, pour sortir des Etats de S. A. R. payeront deux Droits de Haut-Conduit, un d'Entrée & un de Sortie, & l'Issuë-Foraine.

QUE les Bois provenans des Etats de S. A. R. qui en sortent, payeront le Droit de Haut-Conduit de Sortie, & l'Issuë-Foraine.

QUE le Droit pour les Bois voiturés par eau, se payera par rapport au nombre des Chariots.

LES Arbres appellés Klopts ou Dilholtz, payeront pour deux Chariots.

LES Wagencotz ou Wagenschultz, les deux seront comptés pour un Chariot.

LES Pfeiffholtz, les quatre pour un Chariot.

LES Kenoppholtz, les six pour un Chariot.

Du 6. Juillet 1723.

LEOPOLD, par la grace de Dieu, Duc de Lorraine, de Bar, de Montferrat & de Teschen, Roi de Jerusalem, Marchis, Duc de Calabre & de Gueldres, Marquis de Pont-à-

M

Mouſſon & de Nommeny, Comte de Provence, Vaudémont, Blamont, Zutphen, Sarwerden, Salm, Falkeſtein; Prince Souverain d'Arches & de Charleville, &c. A tous ceux qui ces Préſentes verront; SALUT. Savoir faiſons que vuë par notre Chambre des Comptes de Lorraine l'Inſtance pendante & indeciſe par-devant Elle, entre Pierre Charlier, Fermier des Formules, Controlles, Hauts-Conduits, Foraines, & autres Droits de Lorraine & Barrois, Demandeur d'une part; Et Alexandre & Pierre Hauſen, Joſeph Stock, demeurans à Zarguemïnde, & Philippe Stad, faiſant pour Iſebeck de Saarbrik, & Nicolas Jacoby, ſa Caution, demeurant audit Zarguemïnde; Défendeurs d'autre part.

Et encore entre le même Pierre Charlier, Demandeur incidemment par Requête du 12. Juin 1722. d'une part; & leſdits Alexandre & Pierre Hauſen, & Joſeph Stock, tant en ſon nom, qu'en celui de Conrard Scaff, Marchand à Neudorff prés Coblens, pour lequel il s'eſt conſtitué Caution, ſuivant les Procés-verbaux des 24. Avril & deux Mai 1722. Défendeurs d'autre part: Savoir la Requête préſentée à notredite Chambre par Pierre Charlier, aux fins de faire aſſigner par-devant Elle leſdits Hauſen & Stock, en la perſonne de Me. Pierre Hauſen, Receveur de notre Finance à Zarguemïnde, leur Caution, & ledit Stad ou Iſebeck, en la perſonne de Nicolas Jacoby, Marchand à Zarguemïnde, auſſi ſa Caution; pour ſe voir condamner ſolidairement; ſavoir, leſdits Hauſen & Stock au payement de la ſomme de trois cens vingt-neuf frans trois gros; & ledit Stad faiſant pour ledit Iſebeck & ledit Jacoby, auſſi ſolidairement en celle de quatre-vingt frans, & aux dépens: Ordonner en conſéquence que tous Propriétaires & Voituriers, faiſant flotter ou conduire, tant par eau que par terre, des Bois de la nature de ceux énoncés en la même Requête, qui viendront des Pays étrangers, pour être menés hors de nos Etats, ſeront tenus de payer deux Droits de Haut-Conduit, un d'Entrée & l'autre de Sortie, avec le Droit de Foraine, ſur le pied expliqué en la même Requête, qui eſt de huit gros par Chariot; & ceux arrivans dans les Etats pour y être conſommés, le Haut-Conduit d'Entrée ſeulement; & condamner les Conteſtans aux dépens. Décret de notredite Chambre du 26. Mars 1722. qui a permis les Aſſignations requiſes ; icelles Aſſignations données en conſéquence par le Sergent Bertin, le 31. du même mois de Mars 1722. controllées au Bureau de Zarguemiude ledit jour par Rolin. L'Arrêt intervenu entre les Parties le 15. Avril même année 1722. par lequel notredite Chambre, du conſentement des Parties, les a appointés en droit, & cependant par proviſion a ordonné que les Défendeurs donneroient une déclaration des Bois qu'ils feront entrer & ſortir de nos Etats, & donneroient Caution pour les Droits répétés, ſi mieux n'aiment les payer comptans ; & ce ſans préjudice des droits des Parties au principal : Ledit Arrêt ſignifié le 21. Mai 1722. produit le 23. avec les deux Procès-verbaux du ſept Mars précédent, dreſſés par Nicolas Rolin contre leſdits Hauſen, Stock & Stad. Autre Requête préſentée à notredite Chambre par ledit Pierre Charlier, tendante à ce qu'il lui plût recevoir la Demande incidente qu'il forme par icelle contre leſdits Hauſen & Stock ; & y faiſant droit, condamner les mêmes Hauſen & Stock ſolidairement au payement de deux frans onze gros dix deniers, pour augmentation de droit ſur quinze Wagenſchotz qu'ils ont fait voiturer ; ledit Stock en ſon nom à payer la ſomme de trois mille trois cens quatre-vingt-cinq frans ſept gros ; & le même Stock en ſa même qualité de Caution dudit Schaaf, en celle de ſix mille huit cens cinq frans ſept gros, & aux dépens ; & pour faire droit ſur ladite Demande, appointer les Parties en droit & joint à l'Inſtance principale, & Acte de l'Emploi que fait Charlier de ſa même Requête, avec les Piéces y jointes pour moyens ſur cette Demande incidente ; & à cet effet recevoir la Production nouvelle des Piéces jointes à ladite Requête, pour être contredite & ſauvée dans le même délai : Décret au bas du 12. Juin 1722. par lequel notredite Chambre a reçu la Demande incidente, ſur laquelle elle a appointé les Parties en droit, & joint à l'Inſtance principale, a donné Acte de l'Emploi, à charge de ſignification ; a pareillement reçu la Production nouvelle pour être contredite & ſauvée dans les mêmes délais, ſignifié le 15. du même mois de Juin par Exploit de Martinot, produite le même jour avec une liaſſe de ſix Piéces pour Production nouvelle, notamment quatre Procès-verbaux des 10. 17. 24. Avril & 2. M i 1722. Trois Piéces de forcluſion pour le même Charlier, produites le 24. Juillet même année 1722. Requête d'Emploi pour les

Hausen & Consors, servant de défenses & de contredits sur les Demandes principale, incidente & Production nouvelle dudit Charlier, en exécution de l'Appointement rendu entre les Parties le 15. Avril 1722. Ladite Requête signifiée le 26. Août suivant, produite le même jour avec un Dossier de quatre Piéces, notamment un Arrêt de la Cour de Parlement Chambre des Comptes de Metz, en datte du 27. Juillet 1718. Requête d'Emploi pour Charlier, servant de salvation de sa part sur ces Demandes, & Production signifiée le 20. Novembre 1722. produite le même jour. Autre Requête d'Emploi pour les Hausen & Consors, servant de Réponses aux dernieres Ecritures du Demandeur, & contenant Production nouvelle des Piéces y énoncées, reçuë par Décret de notredite Chambre du 23. Décembre suivant, pour être contredite & sauvée de trois jours à autres; ladite Requête signifiée le 28. du même mois de Décembre 1722. produite le 31. du même mois, avec la Production nouvelle d'une liasse de cinq Piéces. Autre Requête du Demandeur, employée pour Réponses aux dernieres Ecritures des Défendeurs, & contredits à leur Production nouvelle; icelle Requête contenant pareillement Production nouvelle des Piéces y énoncées, reçuë par Décret de notredite Chambre du 27. Janvier de la présente année 1723. pour être contredite & sauvée de trois jours à autres, signifiée le 29. du même mois de Janvier, produite à l'Instance avec six Piéces de Production nouvelle, deux Piéces de forclusion pour le Demandeur, produites le 29. Avril dite année. L'Acte de distribution de l'Instance au Sieur Maillard, Conseiller-Maître en notre Chambre, nommé Rapporteur, signifié le 25. Juin dernier; les Conclusions du Procureur Général, & tout ce qui a été écrit & produit au contenu de l'Inventaire, cotte *H*, Et après avoir oüi sur ce le Sieur Maillard, Conseiller en son Rapport; tont vû & considéré:

NOTREDITE CHAMBRE, faisant droit, tant sur les Demandes principale qu'incidente de Pierre Charlier, a condamné Pierre & Alexandre Hausen, Joseph Stock, Gaspard Isambeck, comme Agent de Stockom, Marchand demeurant à Francfort, & Conrard Schaff, demeurant à Nindorff proche de Coblens, de payer le Haut-Conduit d'Entrée sur le pied du Tarif pour le District de Château-Salins, à raison de deux gros par chacun Cheval, ou Bête tirante, attelé à Char ou Charette, pour les Bois qu'ils ont fait entrer dans nos Etats venans des Pays étrangers ; & le Haut-Conduit de sortie à raison d'un gros par chacun Cheval, ou Bête tirante, pour ceux qu'ils en ont fait sortir, soit qu'ils proviennent de nos Etats, ou des Pays étrangers, conformément à notre Déclaration du mois d'Août 1704. de payer aussi le droit de sortie Issuë-Foraine, à raison de huit gros par chacun Char chargé de Bois, conformément au Tarif de 1604. le tout du jour de la Demande ; & d'autant que les Droits de Haut-Conduit, d'Entrée & de Sortie, & ceux d'Issuës-Foraines, doivent se payer par rapport aux Chariots, ordonne que pour les Arbres appellés Klopts ou Dilholtz, de quelque grosseur & longueur ils soient, qui ne peuvent être voiturés sur un Chariot attelé de six Chevaux, & qu'on est obligé de faire traîner pour les rendre sur le Port, le droit en sera payé comme pour deux Chariots seulement ; celles apppellees Wagencoltz, les deux seront comptés pour un Chariot ; celles appellées Paufcholtz, quatre pour un Chariot ; & que pour celles appellées Kenoppholtz, six pour un Chariot : à l'effet de quoi ordonne que Pierre & Alexandre Hausen, Joseph Stock, Gaspard Isembeck, Stockom, & Conrard Scaff, donneront déclaration spécifique, si ja n'est fait, de tous les Bois qu ils ont fait entrer ou sortir depuis le septiéme Mars 1722. datte des Procès-verbaux, pour en être les Droits réglés à l'amiable entre les Parties, sur le pied ci-dessus, dans le mois, si-non & en cas de contestation, pardevant la Chambre, sauf à informer du recellé ; tous dépens entre les Parties compenses, à la réserve des Epices & Coût du présent Arrêt, qui demeureront à la charge des Defendeurs. Jugé en notredite Chambre à Nancy le sixiéme Juillet mil sept cens vingt-trois.

SI MANDONS au premier Huissier de notre Chambre des Comptes, ou autres sur ce requis, de faire, pour l'exécution du présent Arrêt, tous Exploits à ce nécessaires.

Par la Chambre, signé, FRIMONT.

ARREST

DU CONSEIL D'ÉTAT,

QUI ordonne l'exécution des Concordats & Conventions faites entre les Evêques de Metz & les Ducs de Lorraine, en faveur des Habitans de l'ancien Territoire de l'Evêché de Metz ;

ET que ceux de Phaltzbourg, Villages & Dépendances de la Principauté dudit Phaltzbourg, ceux de la Ville de Sarbourg, des Villages de Nidervillers, & autres compris dans la Route de Metz audit Phaltzbourg, formée en exécution du Traité de 1661. *joüiront des mêmes Priviléges que les Habitans de l'Evêché de Metz, conformément au Traité du* 21. *Janvier* 1718.

Du 28. Février 1725.

SUR ce qui a été représenté à S. A. R. par JEAN-BAPTISTE BONNEDAME, Fermier Général de ses Domaines, que par l'Article de son Bail il doit joüir des Droits d'Entrées & Issuës-Foraines, Haut-Conduit, & autres Péages de ses Etats, pour lesquels les Sujets & Habitans du Territoire temporel, dit de l'Evêché de Metz, ont d'ancienneté des Privilèges & des modifications, que les Articles quarante-trois & cinquante-un du Traité fait à Paris, entre Sa Majesté Très-Chrétienne & Son Altesse Royale, le vingt-un Janvier mil sept cens dix-huit, pour l'exécution de celui de Riswick, du trente Octobre seize cens nonante-sept, ont confirmé; & au bénéfice desquels Privilèges & modifications, l'Article quarante-quatre dudit Traité de Paris, fait participer les Sujets & Habitans de la Ville de Phaltzbourg, des Villages & Dépendances de la Principauté dudit Phaltzbourg, ceux de la Ville de Sarbourg, des Villages de Niderswillers, & autres compris dans la Route de Metz audit Phaltzbourg, formée en exécution du Traité du dernier Février seize cens soixante-un; moyennant quoi la Réciprocité y stipulée en faveur des Sujets de S. A. R. dans ledit Evêché de Metz, sera à leur égard pareillement pratiquée dans lesdites Villes & Lieux énoncés audit Article. Et comme les anciens Traités de quinze cens soixante-quatre, seize cens dix, seize cens quatorze, & seize cens quinze, autrefois faits entre les Ducs de Lorraine & les Evêques de Metz, ne sont pas présentement bien connus, tant des Peuples que des Commis mêmes dudit Bonnedame; que d'ailleurs, par quelqu'autres Articles dudit Traité de mil sept cens dix-huit, lesdits Sujets & Habitans, tant dudit Evêché de Metz, que desdites Villes & Lieux de Phaltzbourg, Sarbourg, Niderswillers, & autres compris dans l'agrégation portée audit Article quarante-quatre, sont également rendus privilégiés dans les Etats de S. A. R. lesquels Articles de la derniere espéce peuvent n'être pas bien connus, parce qu'ils sont dispersés dans le corps dudit Traité, par l'application commune qu'ils ont à tous les Sujets & Habitans de la Ville de Metz & du Pays Messin, des Evêchés de Toul & Verdun, & autres de la Généralité de Metz, compris dans l'Article trente-six du même Traité. Ledit Bonnedame auroit très humblement supplié Son Altesse Royale, de réünir dans un seul & même Arrêt de son Conseil, la disposition, tant desdits anciens Traités, que de celui de mil sept cens dix-huit, qui peuvent concerner en particulier lesdits Sujets & Habitans de l'Evêché de Metz, des Villes & Lieux de Phaltzbourg, Sarbourg, Niderswillers, & autres Privilégiés dans ses Etats, pour les Péages,

Motifs de l'Arrêt.

Objet de l'Arrêt.

afin que perſonne ne pût à l'avenir prétendre cauſe d'ignorance des Régles qui ſont à ſuivre ſur ces matiéres. L'affaire miſe en délibération au Conſeil d'Etat : Oüi le Rapport du Sieur Baron de Mahuet, Comte de Lupcourt, Conſeiller-Secrétaire d'Etat, Commandemens & Finances : Son Alteſſe Royale, étant en ſon Conſeil, a ordonné & ordonne :

ARTICLE PREMIER.

Droits dont les Habitans de l'ancien Evêché de Metz ſont exempts pour leur propre beſoin & conſommation.

QU'EN conformité du Traité de 1564. leſdits Sujets, Habitans de l'Evêché de Metz, demeureront francs & exempts des Droits d'Entrées & Iſſuës-Foraines, Traverſe, Impôt des Toiles & Marque des Fers, pour leur propre beſoin & conſommation ſeulement, ſuivant les Articles XXXIV. & XLIX. du Traité du 21. Janvier 1718

II.

Sujets & Habitans qui participent aux Priviléges de ceux de l'ancien Evêché

Qu'en conſéquence de l'Article XLIV. dudit Traité de 1718. les Sujets & Habitans des Villes & lieux de Phaltzbourg, Sarbourg, Niderſwilers & autres y compris, demeureront auſſi francs & exempts de tous les Droits énoncés en l'Article précédent.

III.

Conditions auxquelles les Habitans de l'ancien Evêché & des lieux qui participent à leurs Priviléges, ſont tenus de ſatisfaire, pour être diſpenſés de prendre l'Acquit à Caution, que tous les Sujets de la Généralité de Metz doivent lever, à cauſe des Droits mentionnés par l'Art. I. du préſent Arrêt.

Que conformément au Traité de 1610. confirmé par l'Article LI. de celui de 1718. les Habitans & Sujets compris dans les deux Articles precedens, demeureront déchargés de prendre pes Acquits à Caution dans la forme voulüe en l'Article L. du même Traité de 1718. à condition néanmoins de declarer au premier Bureau des Etats de S. A. R. où ils chargeront, ou à défaut de Bureau audit lieu, dans le plus prochain Bureau de leur paſſage, les Denrées & Marchandiſes, qui, ſans ledit Acquit, feroient ſujettes à payer leſdits Droits, & la quantité d'icelles; & à cet effet de donner un Certificat écrit & ſigné d'eux, ou d'un Tabellion, portant ladite Déclaration, avec promeſſe de rapporter dans quarante jours, témoignage d'un Officier de l'Hôtel de Ville, ou Juſtice du lieu où ils avoient deſſein de conduire leſdites Marchandiſes & Denrées, comme ils les y avoient effectivement conduites & déchargées ; laquelle declaration ſera conçuë en ces termes :

Modèle de la Déclaration à faire par les Habitans de l'ancien Evêché de Metz &c. pour être déchargés de prendre l'Acquit à Caution.

JE soussigné N. demeurant en tel lieu de l'Evêché de Metz (ou desdites Villes de Phaltzbourg, Sarbourg, &c.) certifie avoir fait entrer ès Pays de Son Altesse Royale par un tel détroit (ou avoir pris dans tel lieu desdits Pays) telle Marchandise ou Denrée, pour mener audit Evêché de Metz (ou auxdites Villes & lieux de Phaltzbourg, Sarbourg, &c.) sans avoir payé les Droits de Foraine, Traverse ni autres Péages, dont les Sujets & Habitans dudit Evêché de Metz, desdites Villes & lieux de Phaltzbourg, Sarbourg, Nidersweillers & autres, sont exempts; & promets de rapporter témoignage ès mains du Commis audit Bureau de dans quarante jours, d'avoir mené, conduit & déchargé lesdites Marchandises ou Denrées audit Evêché, ou auxdites Villes & lieux de Phaltzbourg, Sarbourg, &c. Fait en tel lieu le

Cas auquel il doit être délivré un Passavant sans frais aux Sujets de l'Evêché de Metz, &c. en place de l'Acquit à Caution.

Moyennant la remise dudit Certificat aux Commis dudit Bureau, il délivrera aux Conducteurs desdites Marchandises & Denrées, un Passavant sans frais, lequel sera renvoyé avec le témoignage du déchargement dans quarante jours.

I V.

Peines contre le défaut de rapport du Certificat de déchargement dans l'ancien Evêché, &c.

Jurisdictions qui doivent connoître des cas soûmis à ces peines.

Et au défaut par le Conducteur desdites Marchandises & Denrées, de rapporter dans lesdits quarante jours, la décharge des choses énoncées en sa déclaration, il demeurera sujet au payement de tous lesdits Droits, & même aux confiscations & peines portées dans les Ordonnances de S. A. R. & des Ducs ses prédécesseurs: A l'effet de quoi ledit Bonnedame, ses Soûfermiers & Commis s'adresseront au Bailliage dudit Evêché de Metz à Vic, par rapport aux Sujets & Habitans dudit Evêché, & aux Bailliages dont les Sujets & Habitans desdites Villes & lieux de Phaltzbourg, Sarbourg, Niderswillers, & autres lieux compris dans l'Article quarante-quatre du Traité de 1718. dépendent, pour obtenir l'exécution desdites peines, avec dépens sur Procédures sommaires.

V.

En prenant l'Acquit à Caution, les Habitans de l'ancien Evêché, &c. peu-

Déclarant néanmoins Son Altesse Royale, qu'Elle veut bien dispenser les Sujets de l'Evêché de Metz des obligations stipulées par le Traité de 1610. à cet égard, au cas qu'ils aimeroient mieux se régler sur les dispositions de l'Article cinquante du Traité de 1718. concernant les Acquits à Cautions à prendre par les autres Sujets de la Généralité de Metz ; auxquelles dispositions (audit cas d'option) les Commis aux Bureaux de ses Etats seront tenus de se conformer, à l'égard desdits Sujets de l'Evêché de Metz.

vent se dispenser des formalités prescrites par l'Art. 3. du présent Arrêt.

VI.

S'il arrivoit que ledit Bonnedame, ses Soûfermiers & Commis exigeassent autres choses desdits Sujets & Habitans privilégiés, que ce qui est porté ci-dessus, lesdits Sujets & Habitans pourront se pourvoir en la Chambre des Comptes de Lorraine, où il leur sera fait justice, le plus sommairement & promptement qu'il sera possible, en ordonnant sur les dépens, dommages, intérêts des plaignans, ce qui sera d'équité.

Cas où les Sujets de l'ancien Evêché, &c. peuvent se pourvoir à la Chambre des Comptes de Lorraine.

VII.

A l'égard des Droits de Haut-Conduit, Son Altesse Royale ordonne, conformément aux Traités de 1614. 1615. & autres confirmés à cet égard par l'Article quarante-trois dudit Traité de 1718. que lesdits Sujets privilégiés le payeront seulement pour les Denrées & Marchandises, & pour les sommes énoncées auxdits Traités de 1614. & 1615. & non pas pour les Denrées & Marchandises qui ne sont pas déclarées sujettes audit Droit par lesdits Traités de 1614. & 1615. lorsque lesdites Denrées & Marchandises seront destinées pour le besoin & la consommation desdits Pays privilégiés, ainsi que s'ensuit.

Sur quel pied le droit de Haut-Conduit doit être payé par les Habitans de l'ancien Evêché, &c. lorsque les Denrées & Marchandises sont destinées pour leurs besoin & consommation dans l'ancien Evêché, &c.

HAUT-CONDUIT DE NANCY.

Lesdits Sujets & Habitans privilégiés qui feront sortir des Marchandises & Denrées par les lieux du District du Haut-Conduit de Nancy, suivant qu'ils sont énoncés dans la Déclaration de Son Altesse Royale du mois d'Août 1704. ou qui en feront entrer par les mêmes lieux, pour les conduire auxdits Pays privilégiés, payeront les Droits de Haut-Conduit spécifiés ci-après :

Pour un Char chargé de Marchandises ou Denrées, un gros huit deniers, monnoye de Lorraine, 1. gros 8. deniers.

Pour la Charette, 12. deniers.
L'Homme avec une Charge, 6. deniers.
Le Cheval chargé de Marchandises ou Denrées, 8. deniers.
Le Cheval Roussin à vendre, 8. deniers.
La Jument à vendre, 6. deniers.
Le Bœuf & la Vache, chacun quatre deniers, cy 4. deniers.
Le Porc & Mouton, chacun deux deniers, cy 2. deniers.

Exception en faveur des Grains, Foins & Pailles du crû & concrû de ceux de l'Evêché.

Et sous le mot de Denrées, ne seront compris les Grains, Foins, Pailles & Bois provenant du crû & concrû de ceux dudit Evêché & de la Route; mais seulement les Fruits, Denrées & Effets qui leur proviendront d'achat, Commerce, Ferme ou Admodiation, qu'ils auront fait tant dans ledit Evêché & la Route, que dans les Etats de Son Altesse Royale.

HAUT-CONDUIT DE CHATEAU-SALINS.

Les Habitans de l'Evêché & de la Route, qui feront sortir des Marchandises & Denrées par les lieux du District du Haut-Conduit de Château-Salins, suivant qu'ils sont énoncés dans ladite Déclaration du mois d'Août 1704. ou qui en feront entrer, payeront les Droits cy-après:

Pour la Queuë ou Virly de Vin, tant Forain que du Pays, Marchand, & acheté, dix blancs par Queuë ou Virly, faisant deux gros huit deniers, cy 2. gros 8. deniers.

Et la Demie-queuë, ou Virly, à l'équipolent, qui est 1. gros 4. den.

Pour la Tonne de Harangs, Huile, Mihiel, & autres semblables Marchandises, qui se vendent à la Tonne, un gros par Tonneau, cy 1. gros.

Pour chacun Cheval, attelé en Char ou Charette chargée de Marchandises, quelles elles soient, venant hors du Pays de Lorraine, & des trois Evêchés; comme, Draperie, Soye, Laine, Tapisserie, Lingerie, Bonnéterie, Toiles & Filets, Pelleteries, Cuirs tannés ou en tranches, Stocfitche, Moruës, Armes, Ecailles, Ardoises, & toutes autres semblables, deux gros pour chacun Cheval, cy 2. gros,

Pour chaque Char ou Charette, menant toutes sortes de Marchandises du Pays; comme, Fer battu, ou fondu, & autres Ustencilles de Fer, Ferrailles, Futailles, Vans, & autres ouvrages de Vannerie, Selliers, Boureliers; de Sommiers, Bois de Marnage, Planches de Menuiserie, Suif, vieux Drapeaux, hauts Fromages, Charbon ou Houille; un gros par Cheval, cy 1. gros.

Pour le Char chargé de Grains, tant de Marchandises que de Dîmages, pourvû que les Dîmages soient vendus, & non autrement, un gros, cy 1. gros.

De tous Chevaux de Courterie indifféremment, soit de couple ou d'autres, excepté les Porteurs, de chacun huit deniers, cy 8. deniers.

La Jument, quatre deniers, cy 4. deniers.

De tous Chevaux, Jumens, Mulets & Asnes, chargés de Marchandises, de chacun six deniers, cy 6. deniers.

Hommes & Femmes portant fardeaux de Marchandises, chacun six deniers, cy 6. deniers.

Sauf le Mercier déployant sa Marchandise, & qui retourne pour le jour, ne doit rien.

Du Ménage changeant de résidence de Village à autre, deux gros huit deniers, cy 2. gros 8. deniers.

Du Taureau, Bœuf ou Vache, quatre deniers, cy 4. deniers.

Du cent de Moutons & Brebis, deux gros; & n'y ayant quantité si grande, deux deniers la piéce, cy 2. gros *ou* 2. deniers.

Du cent de Porcs, neuf gros; & s'il y en a moins, deux deniers la piéce, cy 9. gros *ou* 2. deniers.

Les Verriers portant Verres, payeront six deniers, comme les autres portant Fardeaux, cy 6. deniers.

D'une Meule de Moulin, neuf gros, cy 9. gros.

Du Char ou Charette chargée de Poissons, six gros, ou deux Poissons, au choix du Fermier, pourvû que ce ne soit point pour débiter en Evêché, cy 6. gros.

Du Char ou Charette chargée de Bois de chauffage, deux gros huit deniers, cy 2. gros 8. deniers.

Et de la Charette, moitié, cy 1. gros 4. deniers.

HAUT-CONDUIT DE SALINS-L'ETAPE.

Les Habitans de l'Evêché & de la Route, qui feront sortir des Vins par les lieux du District du Haut-Conduit de Salins-l'Etape, suivant qu'ils sont spécifiés dans ladite Declaration de mil sept tens quatre, ou qui en feront entrer, doivent payer les Droits cy-après :

Sur quel pied les Habitans de l'ancien Evêché, &c. doivent payer le droit de Haut-Conduit, lorsque les Marchandises & Denrées ne sont pas pour leur besoin & consommation.

Pour chacune Mesure de Vin, un gros, cy 1. gros.

Et au cas que lesdites Marchandises & Denrées ne soient pas destinées pour le besoin & la consommation desdits Pays privilégiés, les Droits de Haut-Conduit en seront payés pleins, conformément à la Déclaration de S. A. R. du mois d'Août 1704.

VIII.

Les Habitans de l'ancien Evêché sont exempts du Haut-Conduit pour les Grains, Foins, Pailles & Bois de leur crû & concrû.

Certificats dont les Habitans de l'ancien Evêché, &c. doivent se munir, pour les remettre dans les Bureaux.

Cas auquel il doit leur être délivré un Paßavant sans frais, en place du Haut-Conduit.

Lesdits Sujets & Habitans privilégiés, ayant par l'Article XLIII. du Traité de 1718. confirmatif de ceux de 1614. & 1615. été déclarés exempts de tous Droits de Haut-Conduit pour les Grains, Foins, Pailles & Bois provenans de leur crû & concrû : comme il pourroit se pratiquer des fraudes sous le prétexte de la qualité de crû & concrû, aux Denrées que lesdits Habitans pourroient faire sortir des Etats de S. A. R. ou entrer & traverser lesdits Etats, pour conduire dans lesdits Pays privilégiés ; Elle veut & entend que lesdits Sujets & Habitans prétendans joüir dudit Privilége de l'exemption du Haut-Conduit pour leur crû & concrû, se munissent de Certificats non seulement des Maires, ou principaux Officiers des lieux de leurs résidences, justificatifs qu'ils en sont Habitans ; mais aussi des Maires & principaux Officiers des lieux où la Denrée se charge, portant comme elle y aura été percruë ; & la déclaration de chaque Habitant privilégié qui voudra la transporter, leur aura faite, qu'il veut la conduire depuis le lieu du crû & concrû de ladite Denrée, en un tel autre lieu de ceux ci-dessus énoncés ; lesquels Certificats ledit Habitant sera tenu de délivrer au Commis du premier Bureau Lorrain, qui lui donnera un Passe-Avant sans frais.

IX.

Poursuites sur les Certificats reconnus frauduleux, &c.

Au cas que dans la suite lesdits Certificats feroient reconnus frauduleux, le Fermier Général de Lorraine, ou ses Soûfermiers, fera telle poursuite qui conviendra, par-devant les Juges desdits Bailliages & Siéges, ayant Jurisdiction ordinaire sur ledit Habitant soupçonné de fraude, pour obtenir une condamnation aux peines

peines portées par les Ordonnances de S. A. R. & celles des Ducs ses Prédécesseurs, contre les faudeurs des Péages.

X.

Articles du Traité de 1718. communs à tous les Habitans de la Généralité de Metz, auront leur effet pour ceux de l'ancien Evêché de Metz, &c.

Ordonne au surplus Sadite Altesse Royale que les Articles XXXVII. XXXVIII. XXXIX. XL. XLII. LII. LIII. & LIV. du Traité de mil sept cens dix-huit, concernans les Priviléges communs à tous les Habitans des trois Evêchés & de la Généralité de Metz, énoncés en l'Article XXXVI. dudit Traité, seront exécutés à l'égard des Sujets & Habitans dudit Evêché de Metz, Villes & lieux de Phaltzbourg, Sarbourg, Niderswillers, & autres compris dans l'Article XLIV. dudit Traité de 1718. selon leur forme & teneur.

FAIT au Conseil d'Etat tenu à Lunéville, Son Altesse Royale y étant, le vingt-huit Février mil sept cens vingt-cinq.

Signé, LEOPOLD.

Et plus bas, contresigné, MAHUET.

Collationné, MAHUET.

LU, publié en la Chambre, Audiance publique tenante, oüi, & ce requérant le Febvre, Avocat Géneral, pour le Procureur Général: LA CHAMBRE ordonne que le présent Arrêt sera régistré en son Greffe, pour être suivi & exécuté, suivant sa forme & teneur; & qu'à la diligence du Procureur Général, & aux frais du Fermier Général, Copies d'icelui duëment collationnées, seront affichées aux lieux accoûtumés de cette Ville, & envoyées en tous les Sieges, Bureaux & Chefs-lieux du Ressort de la Chambre, pour y être pareillement luës, publiées, régistrées & affichées, suivies & exécutées, dont les Substituts certifieront la Chambre au mois. Fait judiciairement en la Chambre, à Nancy le dixiéme Mars, mil sept cens vingt-cinq.

Signé, DATTEL.

Et plus bas, J. FRIMONT.

NOUVEAU RÉGLEMENT

Concernant les Droits de Haut-Conduit, Entrée, Issuë-Foraine, & Acquit à Caution.

Extrait de l'Arrêt du Conseil d'Etat du 23. Janvier 1726.

Toute Denrée & Marchandise transportée par voiture, ou bêtes en Pays étranger, ou desdits Pays dans les Etats de Lorraine & Barrois, payeront le Haut-Conduit, Entrée, Issuë-Foraine.

ORDONNONS que pour toutes les Denrées & Marchandises, que les Habitans & Communautés des Villages de Colombey, Allain-aux-Bœufs, Olchey, le Moutrot & Crezil, transporteront à Char & Charette, ou sur Cheval, & autres Bêtes, dans la Ville de Toul & Pays Toulois, ou qu'ils tireront desdits Pays, pour apporter dans nos Etats (à la réserve néanmoins des fruits qu'ils percevront sur leurs Héritages és Bans limitrofs de ceux de leur résidence, & qu'ils cultiveront par leurs mains) ils seront tenus de payer le Haut-Conduit de Saint Epvre, conformément à la Déclaration de mil sept cens quatre, & encore le Droit d'Entrée & Issuë-Foraine, & dont ils prendront Acquit de Paye pour toutes les Denrées & Marchandises marquées & rapportées sur le Tarif de seize cens quatre; avec défenses à Charlier, Fermier, d'exiger ce Droit

Défense d'éxiger l'Entrée, Issuë Foraine, pour celles non rapportées sur le Tarif de 1604.

pour Marchandises & Denrées non rapportées sur ledit Tarif.

L'Impôt de trois francs par cent pésant des Toiles & ouvrages de Chanvre & Lin.

Payeront encore le Droit d'Entrée & de Sortie des Toiles & d'autres ouvrages de Chanvre & de Lin, sur le pied de l'Ordonnance de seize cens vingt-neuf.

Quatre gros & un sol pour l'expédition de chaque Acquit de Paye.

Payeront de plus, pour l'expédition de chacun Acquit de Paye, même de celui pour l'Impôt sur les Toiles, quatre gros, conformément à l'Ordonnance de seize cens soixante-cinq; & encore un sol pour le Papier, suivant la Déclaration du vingt Décembre mil sept cens vingt-deux.

Tout Voiturier de Lorraine en Lorraine, passant sur territoire étranger, tenu de prendre Acquit à Caution; de le rapporter certifié des Officiers de Justice, & sera payé pour la délivrance d'icelui quatre gros, pareil droit pour la décharge, & un sol pour le papier.

Que pour toutes Marchandises & Denrées, que les Habitans desdits Villages transporteront d'un lieu à un autre dans nos Etats, en passant sur un Territoire d'une Souveraineté étrangere, il sera par eux pris un Acquit à Caution, qu'ils rapporteront ensuite dans un délai compétant, certifié par les Officiers & Gens de Justice des Lieux, & pour lequel ils payeront quatre gros, & pareille somme pour la décharge, & encore un sol pour le Papier.

Les Commis tenus d'annoter exactement, tant sur le dormant que volant tous les droits payez par détail en remplissant les vuides.

Enjoignons audit Charlier, & à ses Commis, d'annoter exactement sur les Dormans des Régistres, & sur les Acquits qu'ils délivreront, tout ce qui aura été payé, & par détail, en remplissant le vuide de l'Imprimé dans les endroits destinés à la spécification de la nature & qualité des Droits, que le Commis prétendra lever.

Pareille annotation sur les Acquits de Paye & à Caution de quatre gros, & quatre gros pour la décharge, outre le sol de papier.

Enjoignons encore audit Charlier, & à ses Commis, d'annoter pareillement sur chacun Acquit de Paye, les quatre gros pour l'expédition; & sur celui à Caution pareille somme pour la décharge, & encore le sol pour le Papier.

Les Acquits de Haut-Conduit expédiez sous le nom des Voituriers; & ceux de Paye & à Caution, sous celui des Propriétaires & Marchands.

Que les Acquits de Haut-Conduit seront pris sous le nom des Voituriers, & les Acquits de Paye & a Caution, sous le nom des Propriétaires des Marchandises & Denrées.

Faisons ses défens tant aux Commis, qu'aux Directeurs & Controlleurs-Ambullans, de faire aucun Abonnement, que du consentement & par l'ordre dudit Charlier.

Défenses de faire des Abonnemens sans ordre du Fermier.

Leur faisons pareilles défenses, même audit Charlier, de faire aucun Accommodement pour reprise & contravention, que sur les Procès-verbaux qui en auront été dressés, & au bas desquels seront écrits lesdits Accommodemens, & Copie délivrée au Contrevenant.

Les Accommodemens pour reprise & contravention, seront faits sur les Procès-verbaux, & copie délivrée aux Contrevenans.

EXTRAIT

De l'Arrêt du Conseil d'Etat de Son Altesse Royale.

Du 20. Mars 1726.

QUE les Marchands ou Propriétaires des Denrées, qui s'assembleront pour voyager de compagnie, prendront chacun, en ce qui les concerne, des Acquits de Payement des Droits, auxquels ils seront attenus, sans pouvoir les faire expédier sous d'autres noms que les leurs.

Chaque Voiturier porteur de ses Acquits.

Que les Voituriers qui auront pris des Acquits à Caution, seront obligés, lorsqu'ils les rapporteront dechargés, de certifier les décharges sinceres & veritables.

Les Décharges des Acquits à Caution seront certifiés veritables par ceux à qui les Acquits auront été expédiez.

Que les Voituriers qui auront négligé de prendre des Acquits à Caution, dans tous les cas marqués par nos Ordonnances, seront condamnés en cinq cens frans d'amande, avec confiscation de leurs Effets, Marchandises, Chevaux & Harnois.

Faute par les Voituriers de se munir d'Acquit à Caution seront condamnez en 500. frans d'amende & à la confiscation des Effets & Equipages.

ARREST CONTRADICTOIRE DE LA CHAMBRE DES COMPTES DE LORRAINE,

QUI, sans avoir égard à la déclaration faite par Charles Henry, Voiturier demeurant à Ametz, que dix quartes d'Avoine dont sa Voiture étoit chargée, étoient destinées pour la nourriture de ses Chevaux, pendant le voyage qu'il faisoit depuis Ametz en Bourgogne; l'a condamné à prendre Acquit.

Du 14. Mars 1733.

ENTRE Me. Jean-Baptiste Christophe, Fermier Général du Droit de Hauts-Conduits anciens & Issuës-Foraines, & autres Droits de Lorraine & Barrois, Appellant d'une Sentence renduë au Bailliage de Pont-à-Mousson, le vingt deux Janvier dernier, par laquelle il auroit été dit, que faisant droit sur l'oppofition, main-levée auroit été à l'Intimé ci-après nommé des Effets fur lui faifis, en affirmant que les Avoines trouvées fur fa Voiture étoient chargées pour la nourriture journaliere de fes Chevaux ; ce qui fera exécuté non-obftant Appel, fous fa caution juratoire, & donné Acte de l'affirmation prêtée à l'inftant, fuivant les fins de fon Relief du vingt-huit dudit mois : Exploit d'Intimation du neuf Février fuivant, duëment controllé au Bureau d'Eftain ledit jour par Terre ; d'une part.

Et Charles Henry, Voiturier demeurant à Ametz, Intimé ; d'autre.

Daffulle le Jeune, Avocat de l'Appellant, a dit que le Commis de la Ferme, par Procès-verbal du vingt-deux Janvier dernier, ayant trouvé l'Intimé à la fortie de Blenod, Village de Lorraine, prêt à entrer fur le Terroir de Dieulouard, Evêché de Toul, avec une Voiture chargée de dix quartes d'Avoine, qu'il déclara être deftinées pour la nourriture journaliere de fes Chevaux, pendant le voyage qu'il faifoit depuis Ametz jufques en Bourgogne, faifirent lefdites dix quartes d'Avoine, de même que les Chevaux, Chars & Harnois, faute d'avoir pris au premier Bureau du Chargement, les Acquits néceffaires ; que cette Saifie fe trouvoit fondée fur la difpofition du Réglement du vingt-trois Janvier mil fept cens vingt-fix, qui ordonne que tout Voiturier fortant avec Marchandife d'un lieu de Lorraine, pour aller dans un autre, paffant fur Territoire étranger, foit tenu de prendre Acquit à Caution, pour le rapporter au même Bureau en la forme prefcrite par les Ordonnances ; Qu'en fuppofant même que ce foit pour la nourriture journaliere de fes Chevaux, il ne devoit pas moins prendre Acquit à Caution ; & qu'en outre il devoit prendre au dernier Bureau un Acquit de Haut-Conduit de Sortie, conformément au Réglement de mil fept cens quatre ; & un Acquit de Paye pour l'Iffuë-Foraine, à raifon d'un gros pour chacun Refal d'Avoine, fuivant le Tarif de mil fix cens quatre ; Qu'ainfi ledit Henry n'ayant pas fatisfait à ce que les Edits & Réglemens exigeoient, il concluoit à ce qu'il plût à la Chambre mettre l'Appellation, & ce dont eft Appel, au néant ; émandant, condamner l'Intimé, faute par lui d'avoir pris au premier Bureau du Chargement un Acquit à Caution ; declarer les Chevaux, Chars, Harnois & Avoines acquis & confiſqués au profit de la Ferme ; & le condamner à l'amande de cinq cens frans ; de payer en outre les Droits avec dépens, tant des Cauſes principales en ce qui le regarde, que d'Appel pour le tout.

Michelant, Avocat de l'Intimé, a conclu à ce que l'Appellation fût miſe au néant, avec amande & dépens.

Oüi le Febvre, Avocat Général, pour le Procureur Général.

Les qualités ci-deſſus ont été bien & duëment ſignifiees par Exploit de l'Huiſſier Dupuy.

LA CHAMBRE a mis l'Appellation, & ce dont eſt Appel, au néant ; émandant, à déclaré la repriſe bien faite ; en conſéquence, condamne les Intimés en vingt-cinq frans d'amande, en pareille ſomme de dommages & intérêts, pour tenir lieu de confiſcation ; de payer le Droit d'Acquit à Caution, pour raiſon des Avoines dont il s'agit ; & les a en outre condamnés aux depens des Cauſes principale & d'Appel : deſquelles condamnations la Partie de Michelant payera le quart, & la totalité des dépens de Cauſe d'Appel, ſauf à l'Appellant ſon recours pour les autres trois quarts des condamnations ci-deſſus.

FAIT judiciairement, &c.

Signé à la Minutte, LE FEBVRE.

Collationné, J. FRIMONT.

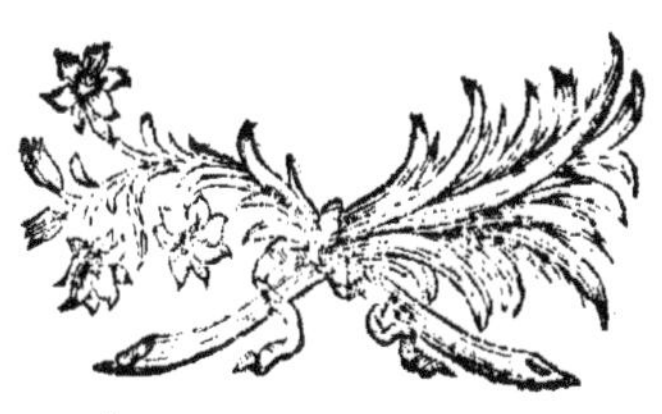

ARREST

DE LA CHAMBRE DES COMPTES DE LORRAINE,

QUI ordonne que tous Marchands & Voituriers de Bois étrangers, seront tenus de payer les Droits de Haut-Conduit d'Entrée au premier Bureau & au dernier de Sortie, sur la représentation des Certificats des Officiers des Lieux d'où les Bois ont été tirés, contenant leurs quantités & qualités.

Du 14. Avril 1733.

FRANÇOIS, par la grace de Dieu, Duc de Lorraine, de Bar, de Montferrat & de Teschen, Roi de Jerusalem, Marchis, Duc de Calabre & de Gueldres, Marquis de Pont-à-Mousson & de Nommeny, Comte de Provence, Vaudémont, Blamont, Zutphen, Sarwerden, Salm, Falkestein, Prince

Souverain d'Arches & de Charleville, &c. A tous ceux qui ces Présentes verront ; SALUT : Savoir faisons que vû par notre Chambre des Comptes de Lorraine la Requête à Elle présentée par Jean-Baptiste Christophe, Fermier Général des Droits de Haut-Conduit, d'Entrée & Issuë-Foraine, & autres Droits y joints de Lorraine & Barrois ; Expositive que la Déclaration du mois d'Août mil sept cens quatre, & l'Edit du quatre Avril mil sept cens vingt-un, ordonnent que le Droit de Haut-Conduit sera payé par tous ceux qui feront entrer dans nos Etats des Vins, Vivres, Marchandises, & toutes autres choses généralement quelconques, sans aucunes excepter.

NOTREDITE CHAMBRE, par un Arrêt contradictoire du six Juillet mil sept cens vingt-trois, conformément à cet Edit & Déclaration, a, entre autres choses, ordonné que les Bois destinés pour la Hollande, tirés des Pays étrangers, payeroient en entrant dans nos Etats, le Haut-Conduit d'Entrée, & en sortant le Haut-Conduit de Sortie, & l'Issuë-Foraine, le tout suivant les Tarifs des années de 1704. & 1604.

Ce n'a été qu'après de grandes contestations que cet Arrêt a été rendu ; jusqu'alors les Marchands de Bois par eau avoient refusé de payer les Droits tels qu'ils sont rappellés par ce même Arrêt ; en sorte que l'on peut dire qu'il a rétabli les Droits du Domaine, que la mauvaise Régie exercée dans le cours des Baux précédens avoit presque anéantis.

Les Marchands de Bois d'Hollande, & autres qui commercent en Bois par eau, se sont, à la vuë de cet Arrêt, mis en régle, & ont d'abord fait des déclarations exactes, sur le pied desquelles ils ont réguliérement payé les Droits ; mais comme le dessein de les frauder s'éloigne difficilement de l'inclination de la plûpart des Commerçans, ceux-ci, pour y parvenir, & pour frustrer le Fermier du Droit de Haut-Conduit d'Entrée, se servent de voies qui n'ont point été prévuës, & dont le Fermier ne peut empêcher l'effet, sans un Réglement précis & nécessaire à ce sujet ; voici pourquoi.

Les Marchands de Bois d'Hollande achetent & font annuellement façonner dans les Forêts du Comté de Nassau, du Duché des Deux-Ponts, des Pays de Tréves & de Luxembourg, du Comté de Dabor, des Evêchés & autres Pays étrangers ; des

Bois en nombre destinés pour la Hollande, qui tous se conduisent par terre en Lorraine, sur les bords des Rivieres de Sare, de Blize, Moselle & autres, sans passer de Bureau, & sans faire de déclaration, ni payer aucun droit.

Ces mêmes Marchands en achetent, & en font façonner dans les Bois de Lorraine, qu'ils font conduire sur les bords des mêmes Rivieres, & où se trouvent ceux tirés des Pays étrangers.

Ces Bois ainsi déposés, & le tems venu de les faire flotter, pour les faire passer en Hollande, les Marchands ou Facteurs, lorsqu'il est question de prendre les Acquits nécessaires, ont grand soin, en confondant les Bois tirés des Pays étrangers avec ceux tirés de Lorraine, de ne faire aucune distinction des uns & des autres; de sorte qu'étant maîtres de faire leur déclaration comme bon leur semble, ils n'ont jamais que très peu de Bois provenans des Pays étrangers, ou du moins la plus grande partie, selon eux, sont tous de Lorraine; les Receveurs qui ne peuvent délivrer les Acquits soit d'Entrée, soit de Sortie, que sur le pied & suivant les declarations qui leur sont faites, sont forcés, en appercevant la fraude, de ne pouvoir la réprimer.

Il en est de méme des Bois qui se flottent sur la Riviere de Vezouze, qui passe à Blamont, & sur celle de Meurthe qui passe à Raon l'Etape.

A Blamont, à Raon l'Etape & aux environs, il y a quantité de Marchands Commerçans en toutes sortes de Bois & de Planches : ceux de Blamont achetent dans les Bois de Lorraine, dans ceux de la Principauté de Salm, de Cirey, de S. Quirin & autres lieux d'Evêchés, des Bois de toutes espéces.

Ces Bois une fois façonnés, sont conduits à la source de la Riviere de Vezouze qui sort des montagnes, & qui n'est en état de soûtenir le flottage sans Bâtard-d'eau, qu'à Cirey, où tous ces Bois sont rassemblés.

Là, ils sont mis en flotte sans distinction de ceux provenans de Lorraine, dans ceux provenans des Pays étrangers, & arrivent ainsi de Blamont, où étant, lorsqu'il est question du payement des Droits de Haut-Conduit d'Entrée, dûs sur ceux provenans de la Principauté de Salm & d'Evêchés, les Marchands & Conducteurs qui en sont requis, pour se rédimer de ce droit, ont soin de répondre que tous les Bois par eux conduits, ont été façonnés & proviennent des Bois de Lorraine.

Ceux de Raon l'Etape achetent dans la Principauté de Salm, ils en achetent aussi dans le Comté & dans d'autres Forêts de Lorraine ; les uns & les autres sont façonnés, tous sont conduits sur les Rivieres de Plaine & de Meurthe, & arrivent en flottes au Port de Raon-l'Etape, mêlangés & confondus, sans aucune distinction de façon : que les Marchands & Conducteurs, interrogés d'où viennent leurs Bois, & requis d'en payer les droits, font la même déclaration que ceux de Blamont, & s'affranchissent ainsi du payement des droits de Haut-Conduit d'Entrée, auxquels les Bois tirés des Pays étrangers sont assujettis. Vouloir les obliger, aussi bien que les Marchands d'Hollande, à représenter les Ventes & Adjudications qui leur ont été faites, tant dans les Pays étrangers, que dans nos Etats, des Bois par eux conduits, pour pouvoir faire la distinction de la quantité & qualité des uns & des autres, ils répondent que n'y ayant ni Loi ni Réglement qui les y obligent, le Fermier ne peut les y astraindre.

Leur dire, & prétendre que ne représentant aucune Adjudication ni Certificat qui constatent les états & les lieux où les Bois conduits ont été fabriqués, les mêmes Bois seront tous censés provenir des Pays étrangers, & tenus des droits de Haut-Conduit d'Entrée, ils soutiendront que devant être crûs sur leurs déclarations, elles doivent nécessairement prévaloir & satisfaire le Fermier.

L'on ne peut pas les obliger d'acquitter les droits d'Entrée avant la confusion & le mélange des Bois tirés des Pays étrangers, avec ceux tirés de Lorraine, parce que d'un côté, la plûpart des Marchands de Bois d'Hollande, en conduisant leurs Bois étrangers des lieux de la fabrication sur les bords des Rivieres de Mozelle, Sare, Blize & autres, ne passent aucun Bureau de Foraine ; de l'autre, parce que n'y ayant & ne pouvant y avoir dans le Comté & Principauté de Salm aucun Bureau de Foraine établis ; & qu'au delà de Cirey & de Raon l'Etape, où les Bois se rassemblent pour être flottés, il n'y a aucun Village de Lorraine pour y établir des Bureaux, & y faire payer les droits.

Que les Gardes soient envoyés sur les lieux ; qu'ils fassent eux-mêmes la distinction des Bois de Lorraine avec ceux des Pays étrangers, qu'ils en constatent la quantité & la qualité, les Marchands arrivés à Zarguemines, à Blamont, à Raon l'Etape, & en toutes les autres Villes & lieux de nos Etats feront des déclarations toutes contraires, suspecteront & critiqueront celles des Gardes; ceux-ci dresseront des Procès Verbaux de Saisie ; ceux-là sans être obligés de passer à l'inscription de faux, articuleront des faits qui y seront contraires, la preuve en sera admise, & l'inimitie invétérée du Peuple contre les Droits du Domaine, fournira des témoins plus qu'il ne faudra, pour rendre la preuve complette, & toutes les attentions & les poursuites du Fermier infructueuses.

Dans de pareilles circonstances, qui journellement se rencontrent, il ne paroît pas qu'il y ait d'autres voies à prendre, pour prévenir ces difficultés & la perte des Droits du Domaine, que de prononcer un Réglement à ce sujet.

Le Réglement que demande le Suppliant, semble devoir être accordé avec d'autant moins de difficulté, que le Droit de Haut-Conduit d'Entrée est incontestablement dû sur toutes les Marchandises & Denrées venantes de Pays étrangers; que ce Droit, comme le plus ancien du Domaine, doit être soûtenu, ainsi que tous les autres le sont, par toutes les voies propres & nécessaires pour en prévenir la perte; que ce qui est demandé, ne l'augmente ni le change en rien, & enfin que ce Réglement n'aura d'effet que contre les Fraudeurs & Commerçans de mauvaise foi, qui ne sauroient être punis & examinés dans leur conduite avec trop d'attention; & auroit conclu à ce qu'il plût à notredite Chambre (en ordonnant l'exécution de la Déclaration du mois d'Août mil sept cens quatre) enjoindre à tous Marchands & Conducteurs de Bois de Marnage, Planches de Chêne & de Sapin, & de tous autres Bois généralement quelconques, en entrant dans nos Etats, & avant que de passer les premiers Bureaux établis pour la perception des Droits de Hauts Conduits, de se présenter auxdits Bureaux, pour y faire leurs déclarations de tous les Bois qu'ils conduiront, dans laquelle ils distingueront la quantité & qualité des Bois tirés des Pays étrangers, de ceux tirés de Lorraine; à l'effet de quoi, & pour constater la sincerité desdites declarations, ils seront tenus de remettre entre les mains des Commis Receveurs, où elles seront faites, Copie en bonne forme & certifiée d'eux des Traités, Ventes, Adjudications & Délivrances des Officiers de Grurie, qui leur auront été faites desdits Bois, tant en Pays etrangers qu'en Lorraine; sinon & au refus de vouloir faire lesdites déclarations, & de vouloir remettre Copies de leurs Traités, Ventes, Adjudications & Délivrances de leursdits Bois; Ordonner que le Droit de Haut-Conduit d'Entrée sera payé sur le pied, & ainsi qu'il est réglé par la Déclaration du mois d'Août mil sept cens quatre, sur tous les Bois & Planches, qui seront conduits comme provenans de Pays étrangers, non-obstant toutes déclarations contraires, & non justifiées par Piéces en bonnes formes, qui dans ce cas seront réputées faites en fraude des Droits de notre Domaine; permettre en conséquence au Suppliant de faire imprimer & afficher, à ses frais, le Réglement qui interviendra: ladite Requête signée Dassule le jeune, Avocat, l'Ordonnance au bas d'icelle; le soit montré à notre Procureur Général, ses conclusions ensuite. Ouï sur ce le Sieur d'Hablenville, Conseiller, en son rapport. Tout vû & considéré.

NOTREDITE CHAMBRE ordonne que son Arrêt du six Juillet mil sept cens vingt-trois, sera exécuté; ce faisant, que les Marchands ou Voituriers des Bois étrangers que l'on voudra faire passer dans nos Etats, seront tenus de payer les Droits y énoncés au premier Bureau d'Entrée & au dernier de Sortie, sur le pied des déclarations qu'ils en feront, certifiées par la représentation des Certificats des Officiers de Justice des lieux d'où les Bois ont été tirés, contenant leur qualité & quantité, sauf à lever sur le surplus des Bois qui auront été pris dans nos Etats, & qui pourroient être joints auxdits Bois étrangers par flottage ou voitures par terre, les seuls Droits de Sortie de nosdits Etats pour les Bois y exploités; à l'effet de quoi lesdits Marchands & Voituriers seront tenus de faire les mêmes déclarations & représentations au Bureau de sortie.

FAIT en notredite Chambre à Nancy le quatorze Avril mil sept cens trente-trois, sous le Scel de notredite Chambre.

Signé, LE FEBVRE & D'HABLENVILLE.

PAR LA CHAMBRE.

Et plus bas, J. FRIMONT.

ARREST
DU CONSEIL D'ÉTAT,

Concernant l'Exemption des Corvées des Ponts & Chaussées en faveur des Commis de la Ferme de Me. Jean-Baptiste Christophe.

Du 21. Juillet 1733.

FRANÇOIS, par la grace de Dieu, Duc de Lorraine, de Bar, de Montferrat & de Teschen, Roi de Jerusalem, Marchis, Duc de Calabre & de Gueldres, Marquis de Pont-à-Mousson & de Nommeny, Comte de Provence, Vaudémont, Blamont, Zutphen, Sarwerden, Salm, Falkestein, Prince Souverain d'Arches & de Charleville, &c. A tous ceux qui ces Présentes verront; SALUT. Savoir faisons que vû en notre Conseil d'Etat la Requête y présentée par Me. Jean-Baptiste Christophe, Fermier Général des Tabacs, Péages, Formules, & autres Droits de Lorraine & Barrois; Expositive que pendant le Bail précédent, les Commis & Employés de Jean-Baptiste Bonnedame & de Pierre Charlier, de quelle classe ils aient pû avoir été choisis, ont joui de l'exemption des Corvées des Ponts & Chaussées : cependant par l'Article quatre-vingt-quatre du Bail général passé à Pierre Gillet, cette Franchise a été révoquée ; ce Fermier Nous ayant représenté les inconvéniens qui résultoient du retranchement de cette Exemption, obtint Arrêt en Commandement, le vingt-quatre Avril mil sept cens trente-un, qui ordonna que ses Commis & Préposés jouïroient de ladite Franchise, à la réserve de ceux qui payent ou payeront ci-après la Subvention, qui seront tenus de contribuer par proportion à la somme qui est ou sera imposée, pour raison de la construction ou entretien des Ponts & Chaussées. A la vuë de cet Arrêt, les Commis & Préposés du Suppliant, qui ont presque tous été établis par Bonnedame, ont paisiblement joui de ladite Franchise en l'année mil sept cens trente-un ; mais en l'année mil sept cens trente-deux, le Sieur d'Hablainville, l'un des Voyers, a prétendu que si lesdits Commis étoient Laboureurs, & compris dans la premiere classe du Rôle de la Subvention, ils ne pouvoient jouïr de ladite Exemption : sur ce fondement, il a ordonné que Henri le Clerc, Commis du Suppliant au Bureau de Benamenil, contribueroit aux réparations des Ponts & Chaussées, sauf au Suppliant de prendre un Commis dans le nombre des meilleurs Artisans. Les Habitans & Communauté de Benamenil ont en conséquence surpris un Décret de notredit Conseil, le douziéme Mai dernier, qui confirme l'Ordonnance dudit Sieur d'Hablenville ; ce Décret donné sans la participation du Suppliant, étant contraire à l'Arrêt du vingt-quatriéme Avril mil sept cens trente-un, il doit être rapporté ; & comme cet Arrêt ne fait pas de distinction entre les Commis de differentes classes, il est de notre intérêt que ces sortes de Commis & Préposés soient solvables, parce qu'ils sont plus en état de répondre de leurs actions, & qu'ordinairement ils ont plus d'expérience. L'on sait que dans chaque lieu, même les plus considérables, il y a à peine deux ou trois Habitans, non pas habiles & consommés en affaires, mais qui sachent lire & écrire ; que les difficultés qui se rencontrent dans la perception des Droits de Haut-Conduits, Entrées, Issuës-Foraines, & autres difficultés qui naissent de la situation de l'Etat mêlé dans les Evechés voisins, de quantité de Lieux privilégiés, que l'étude la plus serieuse ne développe qu'avec des attentions infinies ; que si la capacité & les lumiéres sont absolument nécessaires à tous les Receveurs, la solvabilité ne l'est pas moins ; le Sujet solvable est en état de répondre de sa Recette, du payement qu'il en doit faire, & de toutes les conditions qui accompagnent sa commission ; & soûtient par-là les Droits du Prince. Les Habitans de la seconde classe à la Subvention, & l'Artisan que l'on veut forcer le Suppliant de prendre pour Commis, sont pour l'ordinaire non seulement incapables, mais tout-à-fait insolvables ; comme tels, les Traités seront enfreints par la non-perception des Droits, ils seront ou exacteurs envers le Public, ou le Suppliant sera trompé, & la Recette sera divertie à cause de leur indigence ; que dans le cas particulier, le Suppliant n'a pas fait de changement, il a trouvé Henri le Clerc, Commis établi à Benamenil par le Fermier précedent, il n'a fait que le conserver. Pour ces Causes & autres contenuës en ladite Requête, il a conclu à ce qu'il Nous plût le recevoir opposant au Décret du douze Mai dernier, surpris par lesdits Habitans de Benamenil, de même qu'à l'ordre dudit Sieur d'Hablainville, qui l'a précédé ; ayant égard à son opposition, & y faisant droit, ordonner que l'un & l'autre seront rapportés ; ce faisant, que l'Arrêt du Conseil du vingt-quatre Avril mil sept cens trente-un, sera exécuté selon sa forme & teneur ; en conséquence, que tous les Commis & Employés du Suppliant joüiront, en conformité dudit Arrêt, de l'exemption des Corvées des Chaussées, surchargement d'icelles, & géneralement des Corvées pour Travaux publics, tant ordinaires qu'extraordinaires, & de contribuer pour raison de ce, à la réserve de ceux desdits Commis qui payent & payeront la Subvention, lesquels contribueront par proportion aux sommes qui ont été & seront imposées pour raison desdits Ponts & Chaussées. Faire défenses au Grand-Voyer, Voyers, Commissaires, Inspecteurs, Picqueurs, Maires & Gens de Justice, & à tous autres, de commander, ni d'obliger directement ni indirectement aucun desdits Commis & Employés de travailler auxdits Ponts & Chaussées, ni autres Corvées & Travaux personnels. Recevoir pareillement le Suppliant, comme prenant le fait & cause en défense d'Henry le Clerc, son Receveur à Benamenil, opposant à l'Exécution faite en ses Meubles le vingt-septiéme dudit mois de Mai ; & ayant égard à son opposition, & y faisant droit, déclarer ladite Exécution nulle & injurieuse, lui en faire pleine &

entiere main-levée ; ce faisant, ordonner que les trois Chaudrons sur lui saisis, lui seront rendus, sinon le prix à dire d'Experts, avec dommages, intérêts & depens. Ladite Requête signée Brulliot, Avocat en notredit Conseil, les Piéces y jointes. Le Décret au bas du quatorze du présent mois de Juillet, de renvoi d'icelles à nos très chers & féaux Conseillers d'Etat les Sieurs de Girecourt, Romecourt, Rapporteur, & Tervenus, Commissaires pour l'examiner & y donner avis ; & après que ledit Sieur de Romecourt a été ouï en son Rapport, & lui & lesdits Commissaires en leurs avis.

SON ALTESSE ROYALE, en son Conseil d'Etat, ordonne que le Décret du douziéme Mai dernier, & l'ordre donné par le Sieur d'Hablainville, seront rapportés ; & en conséquence, a fait main-levée audit le Clerc Commis, des Effets sur lui saisis ; ordonne qu'ils lui seront rendus, & que l'Arrêt du vingt-quatriéme Avril mil sept cens trente-un, sera exécuté ; ce faisant, que tous les Commis & Employés qui ont été établis par Bonnedame & Pierre Charlier, & continués par ledit Christophe, seront exempts, comme ils l'ont été pendant le Bail précédent, des Travaux personnels des Ponts & Chaussées, leurs Domestiques, Chevaux & Equipages ; que ses Commis & Employés établis & à établir par lui, seront pareillement exempts, à charge néanmoins qu'ils n'auront été & qu'ils ne seront choisis dans la premiere classe des contribuables ; *Que, quant à ceux qui seront nommés en Assemblée de Communauté, ils seront aussi exempts desdits Travaux, de quelque classe ils puissent être tirés & nommés* : Ordonne aux Sur-Intendans desdits Ponts & Chaussées, Voyers, Inspecteurs, Ingénieurs, Picqueurs, & à tous autres, de se conformer au présent Réglement. A permis audit Christophe de faire imprimer, publier & afficher le présent Arrêt par-tout où il trouvera à propos.

FAIT & jugé audit Conseil, tenu à Lunéville, S. A. R. Madame Régente y étant, le vingt-uniéme Juillet mil sept cens trente-trois.

Par Son Altesse Royale,

POIROT.

ARREST
DE LA CHAMBRE DES COMPTES DE LORRAINE,

Portant Réglement du Droit de Haut-Conduit d'Entrée pour les Bois de Sapins conduits par eau.

Du 4. Septembre 1734.

FRANÇOIS, par la grace de Dieu, Duc de Lorraine, de Bar, de Montferrat & de Teschen, Roi de Jerusalem, Marchis, Duc de Calabre & de Gueldres, Marquis de Pont-à-Mousson & de Nommeny, Comte de Provence, Vaudémont, Blamont, Zutphen, Sarwerden, Salm, Falkestein, Prince Souverain d'Arches & de Charleville, &c. A tous ceux qui ces Présentes verront, SALUT: Savoir faisons que cejourd'hui comparurent à l'Audiance publique de notre Chambre des Comptes de Lorraine, Jean-Claude de Mouzey, Marchand Voileur, demeurant à Raon-l'Etape, Appellant d'une Sentence renduë au Siége Bailliager de Saint-Diez, le trente Juin dernier, par laquelle, après la déclaration par lui faite qu'il a tiré les Bois dont s'agit de la Forêt de Malfontaine, Principauté de Salm, ils ont

S

été déclarés acquis & confisqués au profit de l'Intimé cy-après nommé ; & ledit Appellant condamné de payer le Droit de Haut-Conduit d'Entrée, conformément à la Déclaration du mois d'Août mil sept cens quatre ; en l'amande de cinq cens frans y portée, & aux dépens, suivant son Relief du vingt-six Juillet aussi dernier, & l'Exploit de l'Huissier Martinot du six Août, controllé à Nancy ledit jour ; d'une part.

Me. Jean-Baptiste Christophe, Fermier Général des Droits de Haut-Conduit, Entrée, Issuë-Foraine, & autres y joints ; Intimé ; d'autre part.

Les Marchands Voileurs dudit Raon, intervenans selon les Fins de leur Requête du vingt-un dudit mois ; & l'Exploit de l'Huissier Richard du vingt-sept, controllé à Nancy ledit jour.

Et encore entre ledit Mouzey, Demandeur incidemment sur le Barreau.

Contre ledit Christophe, Défendeur, & pareillement Demandeur incidemment sur le Barreau.

Malcuy, pour l'Appellant, a conclu à ce qu'il plût à notredite Chambre mettre l'Appellation, & ce dont est Appel, au néant ; émendant, sous le mérite des offres de payer deux gros par chacun cent de Planches, & pour les autres Bois de Marnages à proportion, le décharger des condamnations contre lui prononcées, avec dépens, tant des Causes principales que d'Appel ; recevoir sa Demande incidente ; & y faisant droit, condamner l'Intimé de lui rendre & restituer ce que ses Receveurs & Préposés ont exigé de lui ci-devant au-delà desdits deux gros par cent de Planches ; à l'effet de quoi l'obliger de représenter ses Régistres, & le condamner en outre aux dépens à cet égard.

Brazy, pour les Intervenans, a conclu à ce qu'il plût à notredite Chambre recevoir son intervention ; & y ayant égard, faire défense audit Intimé d'éxiger plus de deux gros par chacun cent de Planches, & de Bois de Marnage à proportion pour le Droit d'Entrée : en conséquence, le condamner à rendre ce que ses Commis ont perçu au-delà ; à l'effet de quoi, tenu de représenter les Régistres depuis sa Régie ; & le condamner en outre aux dépens.

George, pour le Fermier, a conclu à ce qu'il plût à notredite Chambre, sans s'arrêter à l'intervention des prétendus Marchands Voileurs de Raon, non-plus qu'à la Demande incidente de Jean-

Claude de Mouzey, mettre l'Appellation au néant, avec amande & dépens, non feulement parce que les offres actuelles de payer deux gros par cent de Planches, & pour les autres Bois de Marnage à proportion, font infuffifantes, felon le Tarif du mois d'Août mil fept cens quatre, & autres antérieurs ; mais encore parce que ledit Mouzey, loin d'avoir fait aucunes offres réelles, & de s'être préfenté au Bureau de Raon, pour y acquitter le Droit de Haut-Conduit d'Entrée, a fait flotter les Bois en queftion, qui n'ont pû être faifis & arrêtés qu'à trois lieuës au-deffous dudit Raon ; recevoir la Demande incidente dudit Fermier ; & y faifant droit, ordonner, par forme de Réglement, pour prévenir les fraudes, & fixer au jufte les Droits de Haut-Conduit d'Entrée dont s'agit, que le cent de Planches de fapin renduës par eau, & qui ne pourront être conduites par terre qu'avec fix chevaux au moins, fera compté pour un chariot attelé de fix chevaux, & les Droits perçus fur ce pied : Que le gros Sommier fera pareillement compté pour un char ; les deux Sommiers de recharge pour un chariot ; les quatre doubles Pennes pour un char ; les huit Pennes fimples pour un chariot, & les vingt-cinq Chevrons auffi pour un char. A l'effet de quoi les Marchands Voileurs & tous autres feront tenus de faire, à leur entrée dans nos Etats, leur déclaration jufte & fpécifique des quantité & qualité des Bois qu'ils conduiront, & qu'ils auront tirés des Lieux & Pays étrangers, comme auffi d'en repréfenter les états certifiés par les Gens de Juftice defdits Lieux. Le tout conformément aux Edits & Déclarations, & notamment à l'Arrêt de Réglement rendu par notredite Chambre le quatorze Août mil fept cens trente-trois ; a déclaré au furplus ledit Fermier être prêt de repréfenter les Régiftres de fa Régie, lefquels juftifieront que, loin d'avoir commis aucune exaction, il n'a perçu les Droits dont s'agit que fuivant qu'il les a trouvés établis par le Fermier précédent, de concert avec les Marchands Voileurs de Raon, en exécution d'un Arrêt de notredite Chambre du trente Avril mil fept cens vingt-trois, infiniment au-deffous de la jufte fixation & évaluation defdits Droits.

Oui le Febvre, Avocat Général, pour notre Procureur Général, en fes Conclufions.

Les qualités fignifiées à Malcuy & Brazy, Avocats, par l'Huiffier Dupuy.

NOTREDITE CHAMBRE a reçu les Parties de Brazy Intervenantes, & les Demandes incidemment formées sur le Barreau par les Parties de Malcuy & de George. Et pour y faire droit, ensemble sur l'Appel & sur l'Intervention, ordonne que les Piéces seront mises sur le Bureau. Et du depuis les Piéces vuës, notredite Chambre a mis l'Appellation au néant, condamne l'Appellant en l'amande & aux dépens ; & néanmoins a modéré l'amande & la confiscation à cent frans ; & sans s'arrêter à l'Intervention, faisant droit sur les Demandes incidentes, a réglé le Droit de Haut-Conduit d'Entrée des Bois étrangers au District de Salins-l'Etape, sur le pied des bêtes tirantes, conformément à la Déclaration de 1704. Ce faisant, a réputé pour un chariot attelé de six chevaux, l'entrée du cent de Planches ; à un pareil chariot l'entrée d'un Sommier ; à un pareil chariot deux Sommiers de recharge ; à un pareil chariot l'entrée de quatre doubles Pennes ; à un pareil chariot l'entrée de huit simples Pennes, & à un pareil chariot l'entrée de vingt-cinq Chevrons : chacun desdits chariots montant à un franc. A condamné les Intervenans aux deux tiers des dépens de la Partie de George depuis leur intervention, l'autre tiers compensé. Permis à la même Partie de George de faire imprimer & publier le présent Arrêt où bon lui semblera.

Evaluation en Chars attelés de six Chevaux, des différentes espéces de Bois.

FAIT judiciairement à l'Audiance de notredite Chambre sous le Scel d'icelle, à Nancy le quatre Septembre mil sept cens trente-quatre.

Signé, LE FEBVRE.

SI MANDONS, &c.

Par la Chambre, J. FRIMONT.

ARREST

DU CONSEIL D'ÉTAT,

QUI confirme le Fermier des Péages de Lorraine & Barrois, dans la perception des Droits de Haut-Conduit & d'Iſſuë-Foraine, dûs ſur les Grains ſortans de Lorraine, deſtinés au payement du prix des Baux, Cens, Rentes & Redevances, conduits en Evêché, ou tous autres Pays & Lieux privilégiés.

Du premier Mars 1735.

LES Habitans & Communauté de Norroy-le-Sec expoſent que, contrairement au Traité de Paris, les Buraliſtes les obligent de prendre des Acquits de Paye & de Haut-Conduit pour les Canons en Grains qu'ils conduiſent en la Ville de Metz, aux Particuliers qui ont leurs Gagnages audit Norroy; Demandent de n'être tenus qu'à prendre des Acquits à Caution, & qu'il ſoit fait défenſes aux Buraliſtes d'exiger des Acquits de Paye pour ces ſortes de Denrées.

T

VÛ en Conſeil la préſente Requête, S. A. R. MADAME RE'GENTE l'a renvoyée au Sieur le Febvre, Conſeiller d'Etat, Premier Préſident de la Chambre des Comptes de Lorraine, pour après avoir entendu le Fermier des Droits des Iſſuës-Foraines, y donner avis; CAR AINSI LUI PLAÎT. Expédié audit Conſeil tenu à Lunéville, S. A. R. MADAME RE'GENTE y étant, le vingt-cinq Janvier mil ſept cens trente-cinq, par le Sieur de Riocourt, Conſeiller d'Etat, Maître des Requêtes ordinaire de l'Hôtel.

Signé, ELIZABETH CHARLOTTE.

Et plus bas, contreſigné, POIROT, *avec Paraphe.*

VÛ de rechef en Conſeil la préſente Requête, enſemble l'Avis du Sieur Préſident le Febvre, S. A. R. MADAME RE'GENTE a déboutté les Supplians des Fins de leur Requête; Car ainſi lui plaît.

EXPE'DIE' audit Conſeil tenu à Lunéville, S. A. R. MADAME RE'GENTE y étant, le premier Mars mil ſept cens trente-cinq, par le Sieur Tervenus, Conſeiller d'Etat, Maître des Requêtes Ordinaire de l'Hôtel.

Signé, ELIZABETH CHARLOTTE.

Et plus bas, contreſigné, POIROT, *avec paraphe.*

Collationné, POIROT.

ARREST CONTRADICTOIRE DE LA CHAMBRE DES COMPTES DE LORRAINE,

QUI ordonne que les Droits de Haut-Conduit & d'Issuë-Foraine seront payés conformément aux Ordonnances & Tarifs, pour les Bestiaux reconduits au-dehors des Etats, quoiqu'ils aient acquitté l'Entrée en Lorraine.

Du premier Mars 1738.

STANISLAS, par la grace de Dieu, Roi de Pologne, Grand Duc de Lithuanie, Russie, Prusse, Mazovie, Samogitie, Kiovie, Volhinie, Podolie, Podlachie, Livonie, Smolensko,

Sévérie, Czernikovie ; Duc de Lorraine & de Bar, Marquis de Pont-à-Mousson & de Nommeny, Comte de Vaudémont, Blamont, de Sarwerden & de Salm : A tous ceux qui ces Présentes verront, SALUT : Savoir faisons que comparurent cejourd'hui premier Mars mil sept cens trente-huit, judiciairement en notre Chambre des Comptes de Lorraine, Nicolas Lamontagne, François Mougenot, & Claude Petitjean, demeurans à Valleroi-le Secq, Terre de Champagne ; Demandeurs en opposition suivant les fins de leur Requête du vingt-sept Février dernier ; Exploit d'Assignation du même jour, représenté en Copie pour ce non controllé ; d'une part.

Contre Philippe Le Mire, Fermier Général des Domaines, Gabelles & Tabacs de Lorraine & Barrois, Défendeur ; d'autre part.

Et encore entre ledit Philippe Le Mire, Demandeur incidemment sur le Barreau ; d'une part.

Contre lesdits Nicolas Lamontagne, Mougenot, & Claude Petitjean, Défendeurs sur la Demande incidente ; d'autre.

De Thomerot, Avocat des Demandeurs en opposition, a conclu à ce qu'il plût à notredite Chambre, sans s'arrêter à la Demande incidente dudit Le Mire, faisant droit sur celle principale, attendu que les Demandeurs ont satisfait au Droit de Haut-Conduit d'Entrée, déclarer les Saisies faites sur ses Parties des sept Bœufs dont il s'agit, nulles & injurieuses ; lui en faire pleine & entiere main-levée, avec dommages & intérêts à donner par déclaration, & dépens.

Marcol, Avocat de Philippe Le Mire, a conclu à ce qu'il plût à notredite Chambre, sans s'arrêter à l'opposition desdits Lamontagne, Mougenot & Claude Petitjean, dont ils seront déboutés, faisant droit sur la Demande incidente qu'il a formée sur le Barreau, & qu'il a supplié notredite Chambre de recevoir, faute par eux d'avoir pris des Acquits de Haut-Conduit de Sortie & d'Issuë-Foraine, conformément aux Ordonnances, les condamner chacun en six cens frans d'amande ; en conséquence, déclarer les Bœufs sur eux saisis acquis & confisqués au profit dudit Le Mire, avec dépens.

Oui notre Avocat Général en ses Conclusions ; les qualités signifiées.

NOTREDITE CHAMBRE a reçu la Demande incidemment formée sur le Barreau par la Partie de Marcol, sans s'arrêter à l'opposition des Parties de Thomerot, de laquelle elle les a déboutées; faisant droit sur la Demande incidente, a condamne les Défendeurs de prendre les Acquits de Haut-Conduit & Issuë-Foraine dont il s'agit, & d'en payer les droits; & pour ne l'avoir fait, a déclaré les Bœufs dont il est question acquis & confisqués au profit du Fermier Général, avec amande; lesquelles confiscation & amande notredite Chambre a moderé à cinquante frans, auxquels elle a condamné les Parties de Thomerot, & aux dépens; Ordonne qu'à l'avenir les Habitans de Valleroy payeront les droits repétés, conformément aux Ordonnances & Tarifs.

FAIT judiciairement en notredite Chambre à Nancy ledit jour premier Mars mil sept cens trente-huit.

Signé à la Minutte, DARMUR DE MAIZEY.

SI MANDONS au premier Huissier de notredite Chambre, ou autre Huissier ou Sergent sur ce requis, de faire pour l'exécution du présent Arrêt, tous Exploits & autres Actes nécessaires, &c.

Par la Chambre, J. FRIMONT.

EXTRAIT DE LA DÉCLARATION DU ROI,

Donnée à Lunéville le 18. Mai 1750. enrégistrée à la Chambre des Comptes de Lorraine le 15. Juin suivant ; à la Chambre des Comptes, & au Bailliage de Bar le 20. du même mois ; & au Bailliage de S. Thiébaut le 8. Juillet de la même année ;

FAISANT Bail des Fermes Générales de Lorraine & Barrois, à LOUIS DIETRICH, pour six années qui commenceront le premier Octobre 1750.

ARTICLE XXII.

DES Droits d'Entrées, Issuës-Foraines, suivant les Ordonnances de quinze cens soixante-trois, seize cens quatre, & Tarif du quatorze Décembre de la même année ; Droits de Traverse, suivant l'Ordonnance du premier Septembre seize *Droits de Foraine, &c.*

Z

cens quinze ; Droits d'Impôts fur les Toilles, fuivant l'Ordonnance & le Tarif du deux Décembre feize cens vingt-neuf : Droits de Haut-Conduit, fuivant la Déclaration & le Tarif du mois d'Août mil fept cens quatre ; Droits d'Acquit à Caution, fuivant l'Edit du vingt-trois Avril feize cens foixante-cinq ; Arrêts de Réglement des vingt-trois Janvier & vingt Mars mil fept cens vingt-fix, & Arrêt de la Chambre des Comptes du vingt-quatre Janvier mil fept cens huit, concernant les Marchandifes qui feront conduites dans les Lieux limitrofs de nos Etats ; le tout néanmoins conformément aux Concordats faits avec les Etats voifins : Ne fera cependant payé aucun defdits Droits pour les Bois, Fagots, Charbons & Vins deftinés à l'ufage de notre Hôtel, non plus que pour les Marchandifes, dont les Ballots feront à notre adreffe ; mais lefdites Marchandifes feront déclarées & vifitées dans les Bureaux de leurs paffages, & les Voituriers-Conducteurs tenus de repréfenter leurs Lettres de Voitures, & de prendre des Paffavants qui leur feront délivrés fans frais, & de les rapporter dans le delai y fixé, bien & dûment déchargés.

Marchandifes pour les lieux limitrofs.

Exemption pour le Roi.

ART. XXIII.

Acquits à Caution feront rapportés certifiés.

VOULONS que tous ceux qui prendront des Acquits à Caution, relativement auxdits Arrêts des vingt-trois Janvier, & vingt Mars mil fept cens vingt-fix, & qui negligeront ou manqueront de les rapporter bien & valablement certifiés du déchargement, à la deftination, dans un délai compétant par les Officiers de Juftice des Lieux, foient condamnés à deux cens livres d'amande, & à la confifcation, conformément à la difpofition de l'Edit du vingt-trois Avril feize cens foixante-cinq, qui ordonne les mêmes peines contre les Communautés privilégiées, pour défaut de rapport d'Acquit à Caution de leur part.

ART. XXIV.

Droits dûs pour la fortie des Etats, feront payés au premier & plus prochain Bureau du Chargement.

Droits dûs pour l'entrée dans les E-

TOUS les fufdits Droits de Haut-Conduit de Sortie, ceux d'Iffuë-Foraine, d'Impôts fur les Toilles chargées dans le Pays, & les Droits d'Acquits à Caution, feront payés au premier & plus prochain Bureau du chargement des Marchandifes ; & à l'égard des Droits de Haut-Conduit d'Entrée, d'Entrée-Foraine, d'Impôt fur les Toilles venant de l'Etranger, & y retournant, &

ceux de Traverſe, ils ſeront payés au premier & plus prochain Bureau de la route ; ſauf cependant pour le Droit de Traverſe, que les Voituriers, lorſqu'ils tiendront la route de Nancy, ſeront tenus de venir acquitter au Bureau de ladite Ville. Pour ſûreté duquel Droit de Traverſe ils ſeront obligés de prendre au premier & plus prochain Bureau de leur route, un Acquit-à-Caution ; & les Marchands & Voituriers ſeront tenus, en arrivant aux lieux où les Bureaux ſont établis, de conduire leurs Marchandiſes directement auxdits Bureaux ; le tout à peine de confiſcation, & de l'amande prononcée par les Réglemens, contre tous ceux qui auront paſſé leurs Marchandiſes au-delà deſdits Bureaux, ou qui les auront déchargées, avant de les y avoir conduites.

tats, ſeront payés au premier & plus prochain Bureau de la Route.

Art. LXXIV.

Il lui ſera permis d'établir des Bureaux & Barrieres dans telles Villes, Bourgs, Villages & Lieux qu'il jugera néceſſaires, tant pour la Vente & Diſtribution des Sels, que pour celle du Tabac, & pour la perception, régie & conſervation de tous les Droits compris au préſent Bail : Ordonnons, en conſéquence, que l'Arrêt du Conſeil du deux Septembre mil ſept cens quarante-ſept, qui ordonne que les Communautés nommeront, à la réquiſition de l'Adjudicataire, des Receveurs dont elles ſeront reſponſables, ſera exécuté ſelon ſa forme & teneur.

Bureaux & Barriéres.

Exécution de l'Arrêt qui ordonne que les Communautés nommeront des Receveurs.

Art. LXXXIII.

L'Adjudicataire jouïra de toutes les franchiſes & exemptions ordinaires, ainſi que les Officiers des Salines, les Souſfermiers, Magazineurs, Employés, Commis & Gardes, tant des Domaines, Gabelles & Tabacs, que des autres Droits compris au préſent Bail, dans les Villes & autres Lieux, des Salines, Entrepôts de Sels ou de Tabacs, Manufactures, Magazins ou Bureaux ; les Ouvriers, Maréchaux, Couvreurs, Maçons, Fondeurs, au nombre néceſſaire & accoûtumé, jouïront de pareilles exemptions & franchiſes, dans leſquelles néanmoins ne ſera compriſe la Subvention, qui ſera payée par chacun de ceux qui y ſont ſujets, ſuivant qu'ils ſeront taxés ſur les Rolles des Lieux de leur réſidence, ſans qu'ils puiſſent être augmentés, ſous prétexte

Priviléges & exemptions des Employés.

desdites Fermes ; à l'exception toutefois des Directeurs, Controlleurs, Commis & Gardes, qui ne feront aucun Commerce, & ne feront valoir dans le Pays aucuns Biens par leurs mains, lesquels en demeureront entiérement exempts, à moins qu'ils ne se trouvent compris dans les Rolles au jour de la datte de leurs Commissions : Joüiront pareillement lesdits Directeurs, Controlleurs, Commis & Gardes, & Ouvriers seulement susnommés, de l'exemption de Montre, Guet & Garde, Tutelle, Curatelle, Collecte, Solidité, Logemens de gens de guerre, de tirer au sort pour la Milice, & de toutes autres Charges publiques, même des Corvées, Travaux publics, ordinaires & extraordinaires, dans le cas où ils ne feront valoir aucuns Biens par leurs mains, ne feront aucun Commmerce, & n'auront d'autre industrie que l'exercice de leur Commission ; & pourront les Commis & Gardes, ainsi que les Gardes sédentaires placés pour la conservation des Bureaux de Foraine & la garde des Passages, de même que les Receveurs, porter épée & autres armes, à la charge de n'en point abuser pour chasser ni autrement ; & seront exécutés en leur forme & teneur les Arrêts des vingt-quatre Avril mil sept cens trente-un, & vingt Juillet mil sept cens trente-trois.

ARREST DU CONSEIL ROYAL DES FINANCES ET COMMERCE,

QUI ordonne que l'Arrêt sur Requête inséré cy-dessous, faisant Réglement sur les Certificats de Déchargement, & l'expédition des Acquits à Caution, sera exécuté suivant sa forme & teneur.

Du 22. Août 1750.

Et Lettres Patentes sur icelui du 7. Septembre de la même année.

SUR la Requête présentée au Roi en son Conseil des Finances & Commerce, par Jean Dumesnil, Adjudicataire des Fermes Génerales de Lorraine & Barrois, contenant: Qu'il a été accordé par le ci-devant Conseil d'Etat, un Arrêt sur Requete, le vingt-cinq Juin mil sept cens vingt-huit, faisant Réglement au sujet de la certification & décharge des Acquits à Caution, lequel a dû être envoyé, comme il paroît par icelui, dans toutes les Villes, Bourgs & Villages des Etats, pour être régistré, lû, publié, suivi & exécuté; cependant, par les recherches faites par le Suppliant au Greffe de la Chambre des Comptes de Lorraine, il n'a trouvé aucun enrégistrement dudit Arrêt; & comme il importe à sa régie de le rendre public, il auroit conclu à ce qu'il plût à Sa Majesté, ordonner que ledit Arrêt sera suivi & exécuté suivant sa forme & teneur; en conséquence, qu'il sera lû, publié & régistré par-tout où besoin sera; & à cet effet, accorder les Lettres à ce nécessaires: Vû ladite Requête, signée Vanier, Avocat au Conseil; l'Arrêt sur Requête dudit jour vingt-cinq Juin mil sept cens vingt-huit y joint, par lequel il est ordonné que les Acquits à Caution seront visés, gratuitement & sans frais, par l'un des Officiers des Hôtels de Villes des Etats, tel qu'il sera nommé par le Corps, dans les lieux où il y en a; & par les Maires, &, à leur absence, par l'un des Officiers de Justice, dans les Villages; que le Certificat de décharge de Denrées, voulu par les Ordonnances concernant les Entrées, Issuës-Foraines & Hauts-Conduits, sera pareillement par eux délivré, gratuitement & sans frais, à peine d'exaction & d'être poursuivis pour raison de ce: Qu'il ne sera pris qu'un Acquit à Caution pour les Voitures appartenantes à un même Propriétaire, & ne sera perçû qu'un droit pour la délivrance & décharge sur le Régistre, à charge par le même Propriétaire, de faire passer ses Voitures dans la matinée ou l'après midi: Qu'il sera accordé par les Officiers de l'Hôtel de Ville de Lunéville, une rétribution raisonnable, ainsi qu'elle sera par eux réglée, à celui qui sera préposé de leur part pour viser lesdits Acquits à Caution, & délivrer lesdits Certificats de décharge de Denrées. Oüi le Rapport du Sieur Renaut d'Ubexi, Conseiller d'Etat ordinaire & audit Conseil des Finances, Commissaire à ce député, & tout considéré.

LE ROI en son Conseil, a ordonné & ordonne que l'Arrêt sur Requête dudit jour 25. Juin 1728. sera suivi & exécuté suivant sa forme & teneur; & sera, ainsi que le présent Arrêt, lû, publié & régistré par-tout où besoin sera, & que les Lettres à ce nécessaires seront expédiées. FAIT audit Conseil, tenu à Lunéville, le 22. Août 1750.

Collationné, ROUOT, *Secrétaire d'Etat.*

STANISLAS, par la grace de Dieu, Roi de Pologne, Grand Duc de Lithuanie, Ruſſie, Pruſſe, Mazovie, Samogitie, Kiovie, Volhinie, Podolie, Podlachie, Livonie, Smolensko, Sévérie, Czernichovie, Duc de Lorraine & de Bar, Marquis de Pont-à-Mouſſon & de Nommeny; Comte de Vaudémont, de Blamont, de Sarwerden & de Salm; A nos amés & feaux les Préſidens, Conſeillers, Maîtres, Auditeurs, & Gens tenans notre Chambre des Comptes de Lorraine; SALUT. Ayant, ſur la Requête de Jean Dumeſnil, Adjudicataire des Fermes Générales de nos Duchés de Lorraine & de Bar, été rendu Arrêt en notre Conſeil Royal des Finances, Nous y étant, le vingt-deux Août dernier, par lequel Nous avons ordonné que celui ſur Requête du vingt-cinq Juin mil ſept cens vingt-huit, ſera ſuivi & exécuté ſelon ſa forme & teneur; à l'effet de quoi, l'un & l'autre ſeront lûs, publiés & regiſtrés par-tout où beſoin ſera; & pour que perſonne ne prétende cauſe d'ignorance deſdits Arrêts, dont les expéditions, duëment collationnées, ſeront ci-jointes & attachées ſous le Contreſcel de notre Chancellerie, Nous vous mandons de les faire inceſſamment, & nonobſtant Vacations, lire, publier, régiſtrer & afficher par-tout où beſoin ſera, & de tenir la main à leur pleine & entiere exécution, ſans permettre ni ſouffrir qu'il y ſoit contrevenu directement ni indirectement: CAR AINSI NOUS PLAÎT. En foi de quoi, Nous avons aux Préſentes, ſignées de notre main, & contreſignées par l'un de nos Conſeillers-Secrétaires d'Etat, Commandemens & Finances, fait mettre & appendre notre grand Scel.

DONNE' en notre Ville de Lunéville, le ſept Septembre mil ſept cens cinquante.

Signé, STANISLAS, ROI.

Et plus bas, Par le Roi,

ROUOT.

Regiſtrata, GUIRE.

ARREST

SUR REQUÊTE,

DONT L'EXÉCUTION EST ORDONNÉE

PAR CELUI CI-DESSUS;

QUI ordonne que les Acquits à Caution seront visés & certifiés, sans frais, par l'un des Officiers des Hôtels de Ville, tel qu'il sera nommé; & dans les lieux où il n'y a pas d'Hotel de Ville, par les Maires, & en leur absence, par l'un des Officiers de justice.

Qu'il ne sera pris qu'un Acquit à Caution pour les Voitures appartenantes à un même Propriétaire, & ne sera perçû qu'un Droit pour la délivrance & décharge sur le Régistre, à charge par le même Propriétaire, de faire passer ses Voitures dans la matinée, ou l'après-midy.

Et déboute les Laboureurs de la Prévôté d'Azeraille, de leur Demande, tendante à être dispensés de prendre des Acquits à Caution, pour le transport des Bois de chauffage à Lunéville, & autres Lieux circonvoisins, en passant sur Terres d'Evêché.

Du 25. Juin 1725.

A SON ALTESSE ROYALE.

SUPPLIENT très humblement les Laboureurs de la Prévôté d'Azeraille, Office de Lunéville; Disant: Qu'ils ont la coûtume, depuis long tems, de mener quelques Voitures de Bois de chauffage à Lunéville, pout vendre, & subvenir par-là à la nécessité de leurs familles: cependant, quoiqu'ils n'aient jamais pris d'Acquits à Caution, prétendant n'y être point obligés, les Buralistes &

Gardes de Foraine veulent aujourd'hui les y assujettir, jusques-là que d'obliger un Laboureur qui a plus d'un Chariot, de prendre autant d'Acquits à Caution qu'il y a de Voitures, ce qui est contraire aux Ordonnances de Votre Altesse Royale; & si cela étoit autorisé, les pauvres Laboureurs, ou petits Voituriers, ne pourroient plus subsister; ils ont bien de la peine pour gagner un petit voyage, en menant ce Bois qu'il faut aller chercher à deux lieuës de distance de leur Village, qu'ils achetent encore bien cher, & ne le vendent néanmoins que quatre ou cinq livres la Voiture, le Buraliste leur fait payer sept sols pour chaque Acquit, & le Greffier de l'Hôtel Commun de cette Ville de Lunéville, veut encore avoir deux sols pour le viser; ainsi une partie du prix de leurs Voitures se consomme dans ces frais, ce qui est très gênant, & à charge aux Supplians & aux Bourgeois de ladite Ville, & qui cause que lesdits Supplians ont de la peine à se résoudre à mener leurs Bois en ladite Ville, où ils ne manqueroient pas de venir très rares, si Votre Altesse Royale n'avoit la bonté d'y remédier: ce n'est pas une Marchandise commerçante à l'ordinaire, & il est inouï que des Sujets de Votre Altesse Royale aient été jamais astraints à prendre des Acquits à Caution, pour mener du Bois de lieux à autres dans ses Etats; c'est pourquoi ils ont recours à vos graces.

CE CONSIDE'RE', MONSEIGNEUR, il plaise à Votre Altesse Royale permettre auxdits Supplians de conduire & voiturer en cette Ville de Lunéville, & aux lieux circonvoisins de ses Etats, des Bois de chauffage, sans être obligés de prendre aucun Acquit à Caution, dont ils seront declarés francs & exempts: & au cas qu'il plairoit à Votre Altesse Royale les y obliger, ordonner que ces mêmes Acquits, & le Visa d'iceux, leur seront donnés & expédiées *gratis* & sans frais, attendu que c'est pour le bien & l'utilité du Public, & notamment des endroits où ils pourront conduire lesdits Bois, & sera grace.

Signé, COURTOIS, *Avocat au Conseil.*

VU au Conseil la présente Requête, Nous la renvoyons à notre très cher & feal Conseiller d'Etat & Procureur General en nos Chambres des Comptes de Lorraine & Barrois, le sieur Le Febvre, pour y donner avis; & cependant avons décharge les Supplians de prendre aucuns Acquits à Caution pour les Bois qu'ils voitureront à Lunéville & dans nos Etats, jusqu'à ce qu'il aura été statué diffinitivement sur la présente Requête : CAR AINSI NOUS PLAÎT. Expédié audit Conseil, Nous y étant, tenu à Lunéville, le deux Juin mil sept cens vingt-huit, par le Sieur Protin, Conseiller d'Etat, Maître des Requêtes ordinaire de notre Hôtel.

Signé, LEOPOLD.

Et plus bas, VAULTRIN.

VÛ de rechef en Conseil la Requête ci attachée, avec l'avis du Procureur Général de nos Chambres des Comptes, Nous ordonnons que les Acquits à Caution seront visés gratuitement & sans frais, par l'un des Officiers des Hôtels de Ville de nos Etats, tel qu'il sera nommé par le Corps dans les lieux où il y en a, & par les Maires, & à leur absence, par l'un des Officiers de Justice dans les Villages; que le Certificat de décharge de Denrées, voulu par nos Ordonnances, concernant les Entrées, Issuës-Foraines & Hauts-Conduits, sera pareillement par eux délivré gratuitement & sans frais, à peine d'exaction, & d'être poursuivis pour raison de ce; qu'il ne sera pris qu'un Acquit à Caution pour les Voitures appartenantes à un même Propriétaire, & ne sera perçu qu'un droit pour la délivrance & décharge sur le Régistre, à charge par le même Propriétaire de faire passer ses Voitures dans la matinée ou l'après-midi; Qu'il sera accordé par les Officiers de l'Hôtel de Ville de Lunéville, une rétribution raisonnable, ainsi qu'elle sera par eux réglée, & dont sera fait un résultat, à celui qui sera préposé de leur part, pour viser lesdits Acquits à Caution, & délivrer lesdits Certificats de décharge de Denrées: Avons débouté les Supplians du surplus des fins de leur Requête; en conséquence, ordonnons que la décharge provisionnelle à eux accordée par notre Décret du deux du présent mois, sera rapportée, & que le présent Décret sera imprimé & envoyé dans toutes les Villes, Bourgs & Villages de nos Etats, pour y être régistré, dont les Maires certifieront les Substituts de notredit Procureur Général de l'Office de leur résidence, dans la huitaine, & lesdits

Par qui les Certificats de décharge des Denrées, seront délivrés.

Il ne sera pris qu'un seul Acquit à Caution pour les Voitures appartenantes à un même Propriétaire.

Le Décret provisionnel du 2. Juin 1728. sera raporté.

Substituts notredit Procureur Général dans la quinzaine : CAR AINSI NOUS PLAÎT. Expédié audit Conseil, Nous y étant, tenu à Lunéville, le vingt-cinq Juin mil sept cens vingt-huit, par le Sieur Protin, Conseiller d'Etat, Maître des Requêtes ordinaire de notre Hôtel.

Signé, LEOPOLD.

Et plus bas, *VAULTRIN.*

Collationné, DUJARD.

LE présent Arrêt, ensemble les Lettres de Commission y attachées, ont été lûs & vérifiés en la Chambre du Conseil ; oui & ce requérant le Procureur Général du Roi, la Chambre ordonne que le même Arrêt, ensemble les Lettres de Commission, de meme que le Décret du 25. *Juin* 1728. *seront régistrés en ses Greffes, pour etre exécutés suivant leur forme & teneur, & y avoir recours, le cas échéant ; & qu'à la diligence dudit Procureur Général, & aux frais du Fermier, Copies du tout dûment collationnées, seront incessamment envoyées en tous les Siéges ressortissans nüement à la Chambre, & affichées par-tout où besoin sera, & être pareillement régistrés, suivis & exécutés, dont les Substituts certifieront la Chambre au mois. Fait en celle des Vacations, à Nancy, le vingt-six Septembre mil sept cens cinquante.*

Signé, DATTEL.

Et plus bas, J. FRIMONT.

ARREST CONTRADICTOIRE DU CONSEIL ROYAL DES FINANCES ET COMMERCE,

PAR lequel il est ordonné que M. l'Evêque de Metz sera tenu de faire acquitter les Droits de Haut-Conduit, & prendre Acquit à Caution pour les Grains, Foins, Pailles & Bois, & autres Denrées provenans du crû & concrû de ses Biens situés dans l'ancien Territoire de l'Evêché de Metz, qu'il fera conduire à Metz ou autres Lieux du Pays Messin, en passant sur des Terrains de la Souveraineté de Lorraine.

Le même Arrêt ordonne au surplus l'exécution de l'Article XLIII. *du Traité de Paris, dans les cas y mentionnés.*

Du 22. Août 1750.

VÛ au Conseil Royal des Finances & Commerce, les Piéces de l'Instance d'entre Philippe Le Mire, ci-devant Adjudicataire des Fermes Génerales de Lorraine & Barrois, Demandeur en opposition, suivant les Fins de sa Requête du quinze Décembre mil sept cens quarante-deux; d'une part.

Et M. Claude de S. Simon, Comte & Pair de France, Prince du S. Empire, & Evêque de Metz, Défendeur; d'autre part.

SAVOIR, l'Arrêt rendu au Conseil le seize Décembre mil sept cens quarante-un, par lequel Sa Majesté a ordonné que le Traité du vingt-un Janvier mil sept cens dix-huit, sera exécuté & suivi; ce faisant, que ledit Sieur Evêque de Metz sera exempt des droits de Haut-Conduit, pour tous les Grains, Foins, Pailles & Bois provenans du crû & concrû des Biens dépendans de l'Evêché de Metz, soit en les faisant transporter des Etats de Sa Majesté dans ledit Evêché, pour les y consommer, soit dudit Evêché dans lesdits Etats, pour les y commercer; & en conséquence a condamné l'Adjudicataire des Droits de Péages & Haut-Conduits, à lui rendre & restituer les sommes perçuës pour les Denrées de la qualité ci-dessus, provenant de son crû ou concrû, qu'il a fait transporter en ladite Evêché, ou dans les Etats, depuis l'année mil sept cens trente-neuf, sur la déclaration affirmée des Conducteurs d'icelles, si mieux il n'aime suivant les Régistres de ses Commis; à l'effet de quoi il sera tenu de les représenter par-devant le Conseiller Rapporteur, par-devant lequel, en cas de contestation, il sera procédé à la liquidation desdites sommes: Lui a fait défenses de plus à l'avenir exiger aucune somme dans les cas ci dessus, à telle peine que de droit. Les Exploits de significations dudit Arrêt des vingt-deux Septembre & douze Octobre mil sept cens quarante-deux, duëment controllés. La Requête présentée au Roi en son Conseil par Philippe Le Mire, tendante, pour les motifs y contenus, à ce qu'il plût à Sa Majesté le recevoir opposant à l'Arrêt dudit jour seize Décembre mil sept cens quarante-un; ayant égard à son opposition & y faisant droit, ordonner que ledit Arrêt sera rapporté; si-non, & au cas qu'il plairoit à Sa Majesté en décider autrement, recevoir, en tant que besoin, la Demande en interprétation qu'il déclare former dudit Arrêt; & y faisant droit, ordonner qu'en exécution des Traités des années seize cens dix, seize cens quatorze & seize cens quinze, confirmés par les Articles quarante-trois & cinquante-un de celui de Paris de mil sept cens dix-huit, expliqués par l'Arrêt du Conseil d'Etat du vingt-huit Février mil sept cens vingt-cinq;

qu'en exécution pareillement des Traités des années seize cens quatre & mil sept cens un, confirmés par les Articles trente-quatre, trente-cinq & cinquante dudit Traité de mil sept cens dix-huit; M. l'Evêque de Metz ne sera exempt des droits de Haut-Conduit pour les Grains, Foins, Pailles & Bois provenans du crû & concrû de ses Biens situés dans l'ancien Territoire de l'Evêché de Metz, que dans le cas qu'il fera sa résidence dans un des lieux dépendans dudit Territoire de l'ancien Evêché de Metz, & qu'il fera conduire lesdittes Danrées par ses Domestiques & Voitures, & pour son compte dudit ancien Territoire de l'Evêché de Metz, en Lorraine, pour les y commercer, ou de Lorraine dans ledit ancien Territoire de l'Evêché de Metz, pour les y consommer; en se conformant au surplus aux précautions & conditions prescrites par l'Arrêt du vingt-huit Février 1725. Et qu'en aucun cas M. l'Evêque de Metz ne jouïra de ladite exemption pour les Denrées de son crû & concrû, qu'il fait conduire dudit ancien Evêché de Metz, Pays Messin, & autres lieux au-dehors dudit ancien Evêché de Metz & des Etats de Sa Majesté par ses Domestiques ou tous autres; mais qu'audit cas il sera tenu & ses Voituriers, d'acquitter les droits de Haut-Conduit, & prendre Acquit à Caution, conformément aux Articles trente-quatre, trente-cinq, quarante-neuf & cinquante du Traité de mil sept cens dix-huit; & cependant, attendu que M. l'Evêque de Metz, en vertu dudit Arrêt du seize Décembre mil sept cens quarante-un, fait & feroit passer journellement des Denrées, sans acquitter les droits auxquels il est astraint, suivant les Traités cy-dessus énoncés: Ordonner que par provision ledit Le Mire sera autorisé à continuer la perception desdits droits, conformément auxdits Traités. Ladite Requête signée Vanier, Avocat au Conseil; l'Arrêt du quinze Décembre mil sept cens quarante-deux, par lequel Sa Majesté a reçu l'opposition formée par ledit Le Mire à l'exécution de l'Arrêt du seize Décembre mil sept cens quarante-un; & pour faire droit au principal, a ordonné que les Parties seroient assignées audit Conseil, pour icelles oüies être statué ce que de raison. L'Exploit d'Assignation du vingt-neuf dudit mois de Décembre, controllé à Lunéville le trente-un: le Reglement pris entre les Parties le vingt-neuf Janvier mil sept cens quarante-trois, signifié le sept Février suivant, par lequel elles ont été appointées à fournir causes & moyens d'oppositions. Réponses, Contredits & Salvations de huitaine à autre, joint les Fins de non recevoir, & Defenses au contraire. Acte d'emploi dudit Le Mire, signifié l'onziéme dudit mois de Février ; Requête en Réponse de M. l'Evêque de Metz, signée Didelot aussi Avocat au Conseil, signifiée le premier Juillet ditte année mil sept cens quarante-trois, par lequel il a conclu à ce qu'il plût à Sa Majesté déboutter Philippe Le Mire de ses Demandes en opposition & interprétation ; & le condamner aux dépens. Requête en contredits de Philippe Le Mire, signifiée le dix-sept Avril mil sept cens quarante-quatre ; Requête d'emploi du même, signifiée le quatorze Décembre même année ; autre Requête du même, aux fins de faire recevoir par production nouvelle les Piéces y énoncées : icelle recuë par Ordonnance du douze du même mois de Décembre, signifiée le quatorze, pour être contredite dans le jour. L'Acte de distribution de l'Instance signifiée à Requête du Demandeur le seize Février mil sept cens quarante-huit. Requête en salvation de M. l'Evêque de Metz, signifiée le dix-huit Juin audit an mil sept cens quarante-huit. Toutes les Piéces & Productions des Parties, les Conclusions données par le Procureur Général en la Chambre des Comptes de Lorraine, auquel l'Instance a été communiquée ; & après que le tout a été vû & examiné, que le Sieur Renault d'Ubexy, Conseiller d'Etat ordinaire, & audit Conseil des Finances, Commissaire à ce député, a été ouï en son Rapport : & tout considéré :

LE ROI, en son Conseil, interprétant, en tant que besoin seroit, l'Arrêt dudit jour seize Décembre mil sept cens quarante-un, a ordonné & ordonne que ledit Sieur Evêque de Metz *sera tenu de faire acquitter les Droits de Haut-Conduit, & prendre Acquit à Caution pour les Grains, Foins, Pailles, Bois, & autres Denrées provenans du crû & concrû de ses Biens situés dans l'ancien Territoire de l'Evêché de Metz, qu'il fera conduire à Metz, ou autres lieux du Pays Messin, en passant sur des Terrains de la Souveraineté de Sa Majesté* ; & que s'il a été perçû des Droits de Haut-Conduit & d'Acquit à Caution dans lesdits cas, ledit Le Mire demeurera déchargé de la restitution ordonnée à cet égard par ledit Arrêt, lequel sera au surplus exécuté suivant sa forme &

teneur, pour l'exemption desdits Droits de Haut-Conduit, à l'égard des Grains, Foins, Pailles & Bois provenans du crû & concrû desdits Biens dudit Sieur Evêque de Metz, dépendans de l'ancien Territoire dudit Evêché, lorsqu'il les fera transporter des Etats de Sa Majesté dans ledit ancien Territoire, pour les y consommer; ou dudit ancien Territoire dans lesdits Etats, pour les y commercer; comme aussi pour la restitution des mêmes Droits perçus dans lesdits cas, sur la représentation qui sera faite des Acquits de Payement audit Le Mire, que Sa Majesté a déchargé & décharge de celle des Régistres de ses Commis, tous dépens entre les Parties compensés, à la réserve des coût & expédition du présent Arrêt, qui demeureront à la charge dudit Sieur Evêque de Metz.

FAIT & jugé audit Conseil tenu à Lunéville, le vingt-deux Août mil sept cens cinquante.

DUJARD.

SENTENCE
CONTRADICTOIRE, DU BAILLIAGE ROYAL DE BOULAY.

Qui a condamné un Receveur des Droits de Foraine en 150. frans d'Amende, & en pareille somme, pour tenir lieu de la restitution des Droits qu'il s'étoit appropriés, en ne portant sur les Dormans d'Acquits que cinquante livres pésant de Toille, tandis que les Volans avoient été délivrés pour trois cens cinquante livres.

Du 19. Novembre 1753.

JACQUES, COMTE DE LIGNIVILLE, Grand Veneur de Lorraine & Barrois, Bailly d'Epée du Bailliage Royal de Boulay, à tous ceux qui ces présentes verront, SALUT. Savoir faisons, que ce jourd'hui dix-neuf Novembre mil sept cens cinquante-trois, comparut judiciairement en l'Audience publique tenuë par les Lieutenant Général, Civil, & Criminel, & Gens tenans le même Bailliage, Mᵉ LOUIS DIETRICH, Fermier Général des Droits de Hauts-Conduits, Foraines & autres, des Duchés de Lorraine & de Bar, demandeur par continuation de cause & exécution de Sentence du cinq du courant, signifié avec avenir à cejourd'ui, par l'Huissier Bouchard, le dix, le tout à domicile de Procureur pour ce non-contrôlé.

Contre, ETIENNE FRANÇOIS, Receveur desdits Droits, au Bureau de Ham, Deffendeur.

Mᵉ Gerardy, Avocat, assisté de Mᵉ Müller, Procureur dudit Sieur Demandeur, a conclu à ce que le Deffendeur soit condamné & par corps, en trois mille francs de dommage & interêt, pour tenir lieu de restitution des droits qu'il s'est injustement appropriés en expédiant un Volant de Hauts-Conduits, & un autre Acquit-de-Paye, à Jean Bernard, demeurant à Creuzvalt, pour conduire par le Pays sur une charette trois cens cinquante livres de Chanvre & de Toille, tandis que sur le Dormant de ces mêmes Acquits, il n'a été enrégistré que cinquante livres de Toille & Chanvre, du droit desquelles cinquante livres le Deffendeur a seulement compté au Demandeur, au lieu de lui compter de trois cens cinquante livres, en pareille somme de trois mille frans d'amende &

aux dépens ; ordonner que la Sentence qui interviendra sera affichée & publiée par-tout où besoin sera, aux frais dudit Deffendeur, sauf à prendre telles autres conclusions qu'au cas appartiendra.

Me Bidault, Avocat du Deffendeur, assisté de Me Veis, son Procureur, a conclu au renvoi de la demande contre lui formée avec dépens, sans que les qualités puissent nuire ni préjudicier. *Signé*, MULLER.

Les qualités signifiées le vingt-un Novembre mil sept cens cinquante-trois, par l'Huissier Hombourg.

Oüi le Procureur du Roy.

Nous Juges Domaniaux, avons condamné la partie de Veis, en cent cinquante frans d'amende, pour raison de la contravention dont il s'agit, & en pareille somme de dommages & interêts pour tenir lieu à celle de Müller, de la restitution des droits; faisons défense audit Etienne François, de récidiver, permis à ladite partie de Müller, de faire imprimer & afficher la présente Sentence par-tout où besoin sera aux frais de ladite partie de Veis, que nous avons condamnée aux dépens liquidés à trente une livre quatorze sols onze deniers de France, y compris cinq livres pour frais d'impression.

Signé, THOMAS.

SI MANDONS ET ORDONNONS au premier Huissier dudit Bailliage, sur ce requis, de mettre la présente Sentence à duë & entiére exécution, & de faire pour cet effet tous exploits de Signification, Commandement & autres Actes de Justice à ce nécessaires, de ce faire lui donnons pouvoir.

Expédié à Boulay, ce cinq Décembre mil sept cens cinquante-trois, sous le Scel Royal dudit Bailliage.

N. FLOSSE.

L'An mil sept cens cinquante-trois, le sept Décembre à la Requête de Me Loüis Dietrich, Fermier Général des Droits de Hauts-Conduits, Foraines & autres és Duchés de Lorraine & Barrois, qui continue son élection de domicile en celui de Me Müller, son Procureur, fut la Sentence d'autre part duëment grossoyée, scellée, & signifiée à Domicile de Procureur, bien duëment signifiée à personne dudit Etienne François, de Ham, y dénommé à son domicile parlant à sa personne, avec commandement de s'y conformer & satisfaire sous toutes duës protestations de Droits & sans y préjudicier à ce qu'il n'en ignore, par moi François Becker, Huissier Audiencier au Bailliage Royal de Boulay, y résidant soussigné, exprés y transporté de trois lieuës de distance, lui ayant laissé Copie tant de ladite Sentence que du présent Exploit, audit Ham, les an & jour que d'autre part.

Signé, *F. BECKER.*

ARRÊT DU CONSEIL ROYAL DES FINANCES ET COMMERCE,

QUI ordonne que l'Ordonnance du 19 Mai 1704, portant défenses aux Marchands étrangers de faire venir ni de déposer en Lorraine des Marchandises prohibées dans les Etats voisins, sera exécutée suivant sa forme & teneur; en conséquence prononce la confiscation des Toilles de Cotton saisies sur une Société de Marchands de Paris, en la Ville de Neuf-château; les condamne chacun en 2000 frans d'amende, & aux dépens.

Du 26 Avril 1755.

A NANCY,

Chez LESEURE, Imprimeur ordinaire du Roi.

ARRÊT
DU CONSEIL ROYAL DES FINANCES ET COMMERCE,

QUI ordonne que l'Ordonnance du 19 Mai 1704, portant défenses aux Marchands étrangers de faire venir ni de déposer en Lorraine des Marchandises prohibées dans les Etats voisins, sera exécutée suivant sa forme & teneur; en conséquence prononce la confiscation des Toilles de Cotton saisies sur une Société de Marchands de Paris, en la Ville de Neuf-château; les condamne chacun en 2000 frans d'amende, & aux dépens.

Du 26 Avril 1755.

VU au Conseil Royal des Finances & Commerce, les Piéces des Instances d'entre Louis Diétrich, Adjudicataire des Fermes générales de Lorraine & Barrois, Demandeur en cassation d'un Arrêt rendu en la Chambre des Comptes de Lorraine, le cinquiéme Janvier mil sept cens cinquante-quatre, suivant les fins de sa Requête du six du même mois; d'une part.

Pierre-Charles, Nicolas-François les Lefebvre & Compagnie, & Nicolas Barbier de Mélicourt, prenant qualité d'Associé, & se disant Marchand résident à Paris & à Neuf-château; Michel Morin, Marchand, Bourgeois de Nancy; & le Sieur Hubert Leroy de Lagrange, Ecuyer, résident à Neuf-château; tous Défendeurs sur la Demande en cassation; d'autre part.

Encore entre ledit Louis Diétrich, Demandeur, suivant les fins de sa Requête présentée aux Officiers du Bailliage de Neuf-château, le quatre dudit mois de Janvier; laquelle Demande a été évoquée au Conseil par Arrêt du vingt-six du même mois de Janvier; d'une part.

Lesdits Pierre-Charles, Nicolas-François les Lefebvre & Compagnie, Nicolas Barbier de Mélicourt, & Jean-Jacques Weisbeck, ce dernier demeurant à Milhouse en Alsace, Défendeurs, d'autre part.

Et encore entre ledit Sieur Hubert Leroy de Lagrange, incidemment Demandeur en inscription de faux contre le Procès-verbal dressé par les Employés des Fermes, le dix-sept Novembre mil sept cens cinquante-trois; d'une part.

Et ledit Louis Diétrich, incidemment Défendeur; d'autre part.

SAVOIR; le Procès-verbal dressé ledit jour dix-sept Novembre en la Ville de Neuf-château, par Jean-Baptiste Laharotte, Louis Willon, Pierre-François Curé, Claude Nicolas, Nicolas Collinet, Philippe Grangé & Martin Giroux, Brigadier, Sous-brigadier & Commis ambulans des Fermes de SA MAJESTÉ aux Départemens de Nancy & de Neuf-château. Le Jugement rendu le dix-sept Décembre suivant, par le Lieutenant-Général au Bailliage dudit Neuf-château, comme Juge Domanial & Commissaire en cette part; par lequel il a donné défaut second contre Louis Diétrich non comparant, ni Procureur pour lui, après avoir suffisamment attendu, & ensuite de la Requête présentée le même jour par ledit Diétrich, aux fins de poursuivre lesdits Lefebvre & Compagnie, pour raison de la prétenduë contravention portée par le Procès-verbal dudit jour dix-sept Novembre; Surcis à la reconnoissance d'icelui jusqu'après la tenuë de la Cause, à laquelle ledit Diétrich seroit tenu de représenter ledit Procès-verbal, & de déclarer s'il entend s'en servir, pour être fait le dépôt au Greffe, & icelui reconnu & parafé, *ne varietur*, conformément à l'Ordonnance; donné en outre Acte des diligences desdits les Lefebvre & Compagnie, ainsi que de leur déclaration qu'ils s'inscrivent en faux contre ledit Procès-verbal, & de la production par eux faite de la Copie qui leur en a été signifiée, laquelle a été provisoirement parafée, *ne varietur*, pour icelle rester au Greffe jusqu'à droit. Autre Procès-verbal dressé audit Neuf-château par lesdits Brigadier, Sous-brigadier & Employés des Fermes auxdits Départemens de Nancy & Neuf-château, le vingt-neuf dudit mois de Décembre mil sept cens cinquante-trois: la Requête présentée aux Officiers du Bailliage de Neuf-château par Louis Diétrich, par laquelle il a conclu à ce qu'il leur plût lui permettre de faire assigner par-devant eux, à jour certain & compétent, lesdits Barbier de Mélicourt, & Jean-Jacques Weisbeck, qui se trouvoient alors audit Neuf-château, ensemble lesdits Lefebvre, Freres & Compagnie, résidens à Paris, pour voir prononcer la confiscation des Marchandises, en conséquence du Procès-verbal dudit jour vingt-neuf Décembre; & se voir condamner, pour leur contravention, chacun solidairement & par corps, en deux mille frans d'amende & aux dépens; sans préjudice à agir, ainsi & contre qui il avisera bon être, pour fait de complicité, ou autrement dûment. La permission d'assigner du quatre Janvier mil sept cens cinquante-quatre; l'exploit d'Assignation du même jour, contrôlé au Bureau de Neuf-château à l'instant; l'Arrêt rendu en la Chambre des Comptes de Lorraine, le cinq du même mois de Janvier, sur l'Apel interjetté par lesdits Lefebvre, Freres & Compagnie, du Jugement rendu par le Lieutenant-Général audit Bailliage de Neuf-château, le dix-sept Décembre précédent, par lequel la Chambre a reçu l'Apel incident interjetté sur Bureau par Louis Diétrich; & y ayant égard, ensemble à l'Apel principal, a mis les Apellations & ce dont est Apel, au néant; évoquant le principal & y faisant droit, ensemble sur l'oposition desdits Lefebvre, Freres & Compagnie, sans s'arrêter au Procès-verbal du dix-septiéme Novembre, dont il s'agit, leur a fait pleine & entiére main-levée des choses saisies, avec dommages & intérêts, à donner par déclaration, auxquels elle a condamné Louis Diétrich, & aux dépens tant des Causes principales que d'Apel; ledit Arrêt signifié au domicile de Procureur le sept du même mois; la Requête présentée au Conseil par Louis Diétrich, tendante, pour les motifs y contenus, à ce qu'il plût à SA MAJESTE' ordonner que l'Ordonnance du dix neuf Mai mil sept cens quatre, sur le fait des Entrepôts des Marchandises étrangéres en Lorraine, sera suivie & exécutée, suivant sa forme & teneur; en conséquence, sans s'arrêter à l'Arrêt de la Chambre des Comptes de Lorraine, dudit jour cinq Janvier, qui sera cassé & annullé; non plus qu'à la prétenduë inscription de faux, déclarer les six Ballots de Marchandises d'Hollande, énoncés au Procès-verbal dudit jour dix-sept Novembre, acquis & confisqués; condamner les Lefebvre & Compagnie, Nicolas Barbier de Mélicourt, ensemble le

Sieur Leroi & Michel Morin, chacun en deux mille frans d'amende, pour leur contravention à ladite Ordonnance, & aux dépens; & au cas qu'il plairoit à SA MAJESTE' d'en décider autrement, surseoir par provision à toutes exécutions dudit Arrêt, & de tous autres Jugemens qui pourroient intervenir sur cette affaire; ladite Requête signée Vanier, Avocat audit Conseil: l'Arrêt du six du même mois de Janvier, par lequel SA MAJESTE' a évoqué à Soi & à son Conseil l'Instance pendante au Bailliage de Neuf-château, entre ledit Louis Diétrich, Demandeur, contre lesdits Freres Lefebvre & Compagnie, le Sieur Leroy & Michel Morin, Défendeurs; & pour y faire droit, ensemble sur les fins de ladite Requête, a ordonné que la même Requête seroit signifiée auxdites Parties & audit Nicolas Barbier de Mélicourt, avec Assignation à comparoître, à la quinzaine, par-devant le Conseiller-Raporteur, pour y prendre réglement, toutes choses demeurant en état; les Exploits de Significations desdites Requête & Arrêt, & d'Assignations des sept & neuf dudit mois de Janvier, dûment contrôlés; le Procès-verbal dressé le vingt-trois dudit mois de Janvier, contenant les comparutions, dires, déclarations & réquisitions des Parties, par lequel le Sieur Leroi de la Grange, sans préjudice à ses moyens de nullité, & à tous autres, notamment à l'inscription de faux, a déclaré n'empêcher qu'il soit donné Réglement sur la Demande; & cependant, attendu qu'il est gravement injurié par les faits énoncés au Procès-verbal des Employés des Fermes, du dix-sept Novembre précédent, il a suplié le Conseiller-Raporteur de recevoir la plainte qu'il formoit à cet égard, pour la poursuite de laquelle il protestoit de faire toutes diligences, & tout ce qui étoit à protester de droit; l'Ordonnance au bas dudit Procès-verbal, du même jour vingt-trois Janvier, signifiée le quinze Février, par laquelle il a été donné Acte auxdites Parties de leurs comparutions, dires & réquisitions, & audit Sieur Leroi de la Grange, de la plainte par lui formée; en conséquence elles ont été apointées à fournir causes & moyens de cassation & réponses, de huitaine à autre; les fins de non-recevoir jointes, & défenses au contraire; l'Acte signifié à Requête dudit Sieur Hubert Leroi de la Grange, audit Louis Diétrich le vingt-cinq dudit mois de Janvier, par lequel, sans préjudice à ses dommages & intérêts, à la réparation qui lui est duë, à raison de l'insulte qualifiée qui lui est faite, à ses moyens de nullité, & à tous autres, il a déclaré s'inscrire en faux contre le Procès-verbal des Employés des Fermes, qu'ils ont datté dudit jour dix-sept Novembre, avec interpellation de declarer s'il veut s'en servir, à protestations de faire les devoirs, & de se conformer au prescrit de l'Ordonnance; la

Quittance de la somme de cent frans Barrois, consignée au Greffe du Conseil par ledit Sieur Leroy de la Grange, ledit jour vingt-cinq Janvier: l'Acte dressé au Greffe dudit Conseil, le même jour vingt-cinq Janvier, auquel est comparu ledit Sieur Leroy, & a déclaré qu'il s'inscrivoit en faux contre le Procès-verbal dressé par lesdits Employés de la Ferme Générale aux Départemens de Nancy & de Neuf-château, ledit jour dix-sept Novembre, à protestations d'en fournir ses causes & moyens en tems & lieux, & aux fins de dépens, dommages & intérêts, sans préjudice à tous autres droits; l'Exploît de signification au bas, du même jour vingt-cinq Janvier; autre signifié audit Diétrich, ledit jour vingt-cinq Janvier, à Requête dudit Sieur Leroy de la Grange, par lequel il lui a déclaré s'être inscrit en faux contre ledit Procès-verbal, du dix-sept Novembre; qu'il avoit consigné l'amende & fait les devoirs, sans préjudice à ses moyens de nullité, & à tous autres droits; les moyens de faux fournis en conséquence par ledit Sieur Leroy de la Grange, déposés au Greffe le même jour; l'Acte de produit signifié aussi le même jour. La Requête présentée au Conseil par ledit Louis Diétrich, tendant à ce qu'il plût à SA MAJESTE' évoquer à Elle & à son Conseil, l'Instance indécise au Bailliage de Neuf-château, sur l'Assignation donnée auxdits Barbier de Mélicourt & Weisbeck, au sujet d'une Saisie énoncée au Procés-verbal du vingt-neuviéme Décembre, joindre cette nouvelle Instance à celle sur la Saisie du dix-sept Novembre; ce faisant, ordonner que le Réglement pris sur la premiere Instance, sera commun à la seconde; à cet effet, permettre de faire assigner les Freres Lefebvre & Compagnie au domicile d'Avocat par eux constitué, pour éviter aux frais. L'Arrêt rendu au Conseil, le vingt-six dudit mois de Janvier, par lequel SA MAJESTE' a évoqué à Soi & à sondit Conseil, l'Instance dont il s'agit, pour demeurer jointe à celle évoquée par Arrêt du six du même mois, sauf à disjoindre, s'il échet; & pour y prendre Réglement, a renvoyé les Parties à se pourvoir par-devant le Conseiller-Raporteur: à l'effet de quoi, les Freres Lefebvre & Compagnie, ensemble lesdits Barbier de Mélicourt & Weisbeck seroient assignés à comparoître par-devant lui, à la quinzaine. Les Lettres de Commission sur ledit Arrêt, expédiées en Chancellerie le dix-huit Février. Requête d'emploi de Louis Diétrich, servant de causes & moyens de cassation, signifiee le quinze dudit mois de Fevrier, par laquelle il a conclu à ce qu'il plût à SA MAJESTE', sans s'arrêter à l'Arrêt de la Chambre des Comptes dudit jour cinq Janvier, qui sera cassé & annullé, non plus qu'à l'oposition formée par les Freres Lefebvre & Compagnie, à la Saisie des six Ballots de Marchandifes dont il s'agit, faite au domicile du Sieur Leroi par les Employés des Fermes, ledit jour dix-fept Novembre mil fept cens cinquante-trois, ni à l'infcription de faux, formée contre ledit Procès-verbal, au nom des mêmes Lefebvre & Compagnie, au Greffe du Bailliage de Neuf-château, de laquelle ils feront déclarés déchus, & non recevables à en fournir les prétendus moyens, procédant au Jugement de l'Inftance évoquée par l'Arrêt du Confeil du fix dudit mois de Janvier, déclarer les fix Ballots de Marchandifes dont il s'agit, acquis & confifqués au profit de Louis Diétrich; condamner lefdits Pierre Charles Lefebvre & Compagnie, Barbier de Mélicourt, enfemble le Sieur Leroy & le nommé Morin, chacun folidairement & par corps, en deux mille frans d'amende; pour raifon des fraudes & contraventions énoncées audit Procès-verbal, du dix-fept Novembre, & en tous les dépens. Le Paréatis accordé par le Lieutenant-Civil au Châtelet de Paris, le onziéme Mars dite année mil fept cens cinquante-quatre, aux fins de faire affigner lefdits Freres Lefebvre & Compagnie, à comparoître par-devant le Confeiller-Raporteur. L'Exploît d'Affignation, du lendemain douze Mars, contrôlé à Paris le même jour. Autre Exploît d'Affignation, du vingt-fix dudit mois de Mars, donné à Jacques Weisbeck trouvé à Neuf-château, contrôlé le même jour. Le Réglement pris entre les Parties le douze Mai fuivant, fignifié le dix-feptiéme Août, par lequel il a été donné Acte audit Louis Diétrich, & auxdits Freres Lefebvre & Compagnie, de leurs comparutions, dires & réquifitions; en conféquence ils ont été apointés en droit fur la Demande dont il s'agit, & joint à l'apointement principal ci-devant rendu, fauf à disjoindre, s'il échet, les fins de non-recevoir, pareillement jointes & les défenfes au contraire; donné défaut contre lefdits Barbier de Mélicourt & Jacques Weisbeck non comparant, & pour le profit l'apointement déclaré commun avec eux. L'Arrêt rendu au Confeil le neuf dudit mois de Mai, par lequel SA MAJESTE' a déclaré les moyens de faux ci après fournis par ledit Sieur Leroy de la Grange, pertinens & admiffibles; en confequence ordonné qu'il feroit preuve, dans la quinzaine, par-devant le Lieutenant-Général au Bailliage de Neuf-château: 1°. Que des fix Balots de Marchandifes dont il s'agit, deux font arrivés audit Neuf-château le feize Novembre précedent, vers les trois heures après midi, & les quatre autres le lendemain, vers les onze heures du matin; Que ces fix Balots furent déchargés à ces heures en pleine ruë, à la vuë du public, des voifins & des paffans; Que les quatre Balots mis dans l'Ecurie, étoient d'une groffeur à ne pouvoir être entrés par l'allée de la Maifon; Que ledit Sieur Leroi de la Grange démeubloit alors; Que les deux autres Balots furent déposés & débalés dans la Chambre au rez-de-chaussée attenant à la Cuisine ; Que cette Chambre est la plus propre, la plus clarteuse de toute la Maison ; & qu'au lieu d'avoir été remplie en partie de charbon, ledit jour dix-sept Novembre, il y en avoit en un coin de ladite Chambre seulement un pannier, qui y avoit été déposé accidentellement & à l'occasion du démeublement. 2°. Que les quatre Balots déposés dans l'Ecurie, y étoient en évidence, & que Barbier de Mélicourt dit aux Gardes qui ont dressé le Procès-verbal dont il s'agit : Voilà quatre Balots qui m'apartiennent également & aux Sieurs Lefebvre, mes Associés. 3°. Que ledit Barbier de Mélicourt, interrogé par lesdits Employés de ses nom, surnom, qualités, demeure, & s'il étoit propriétaire des six Balots en question ; il leur répondit qu'il se nommoit Barbier de Mélicourt, que sa qualité étoit celle d'Associé des Freres Lefebvre & Compagnie ; que ces Balots étoient à lui & auxdits Freres Lefebvre ; que les Marchandises y contenuës, étoient destinées à être venduës à Neuf-château, même auxdits Employés, s'ils vouloient en acheter ; que c'étoit pour former leur établissement en la Ville de Neuf-château, qu'ils avoient ces Marchandises qui devoient y être débitées, & que c'étoit à ce sujet qu'ils avoient loüé la Maison, dans laquelle elles étoient ; enfin que Barbier de Mélicourt & sa Compagnie avoient payé le droit de Bourgeoisie audit Neuf-château ; pour le tout renvoyé au Greffe du Conseil, & raport fait à SA MAJESTE', être par Elle statué, ainsi qu'il appartiendra. L'Exploît de signification dudit Arrêt à l'Avocat de Loüis Diétrich, du vingt dudit mois de Mai. La Requête dudit Sieur Leroy présentée au Sieur Sauville, Lieutenant-Général audit Bailliage de Neuf-château, aux fins de prendre son jour, lieu & heure, à l'effet de faire assigner par-devant lui tous les témoins dont il prétendoit se servir, ensemble Louis Diétrich, pour être présens à leur jurande ; le Décret au bas de ladite Requête, du vingt-deux dudit mois de Mai, par lequel il prit son jour au premier Juin suivant, en la Chambre du Conseil dudit Bailliage, & permis les Assignations requises. L'Exploît d'Assignation donné audit Diétrich, du vingt-quatre du même mois, contrôlé au Bureau de Nancy à l'instant ; autres Exploîts d'Assignations donnés aux témoins, les vingt-quatre, vingt-cinq, vingt-huit, vingt-neuf, trente & trente-un dudit mois de Mai, dûment contrôlés ; le Procès-verbal de jurande desdits témoins dudit jour premier Juin ; l'Ordonnance au bas, par laquelle le Commissaire a donné Acte audit Sieur Leroy, aux Freres Lefebvre & Compagnie, ensemble au nommé Morin, de leurs comparutions, dires, réquisitions & protestations ; & après avoir attendu une heure & plus, sans que

Louis Diétrich se soit présenté, ni Procureur pour lui, il a donné défaut contre ledit Diétrich; & pour le profit a pris & reçu le serment de tous les témoins produits & dénommés audit Procès-verbal, auxquels il a fait donner lecture des Arrêt & Procès-verbal de Saisie dont il s'agit; ordonné que leurs dépositions seroient rédigées dans un Cahier séparé. Le Procès-verbal d'Enquête fait par ledit Sieur Sauville, ledit jour premier Juin & autres jours suivans. L'Arrêt rendu au Conseil, le seize dudit mois de Juin, par lequel SA MAJESTE' a civilisé, en tant que besoin seroit, l'Instance de faux dont il s'agit; ordonné que ladite Instance demeurera jointe à celle principale, sauf à disjoindre, s'il échet; permis audit Diétrich de faire Enquête contraire de sa part, & de fournir des reproches contre les témoins oüis en celle faite à la diligence dudit Sieur Leroy de la Grange; à l'effet de quoi les noms & surnoms lui en seroient signifiés. L'Exploît de signification dudit Arrêt, du vingt-six dudit mois de Juin. Autre Exploît de signification du Procès-verbal de jurande des témoins, avec un Acte de Sommation de fournir des reproches, si bon semble, du onze Juillet. Autre Exploît de signification du Procès-verbal d'Enquête, du vingt-troisiéme dudit mois de Juillet. Requête en réponses des Freres Lefebvre & Compagnie, signée Jeanroy, aussi Avocat au Conseil, signifiée le dix-septiéme Août, par laquelle ils ont conclu à ce qu'il plût à SA MAJESTE', sans s'arrêter aux Saisies & Demandes de Louis Diétrich; le débouter de sa Demande en cassation, avec dépens. Requête d'emploi du Sieur Leroy de la Grange, signée Mengin, pareillement Avocat au Conseil, signifiée ledit jour dix-septiéme Août, tendant à ce qu'il plût à SA MAJESTE', sans s'arrêter au Procès-verbal du dix-sept Novembre mil sept cens cinquante-trois, qui sera déclaré faux, condamner Louis Diétrich en dix mille livres de dommages & intérêts, & aux dépens. Autre Requête dudit Sieur Leroy, aux fins de faire recevoir par production nouvelle son Enquête & les Piéces y jointes; ladite production nouvelle reçuë par Ordonnance dudit jour dix-septiéme Août, signifiée à l'instant pour être contredite dans trois jours. Requête d'emploi de Michel Morin, servant de réponses, signée Courtois, aussi Avocat au Conseil, signifiée le même jour dix-sept Juin, par laquelle il a conclu à ce qu'il plût à SA MAJESTE' débouter Louis Diétrich de sa Demande, & le condamner aux dépens, sans préjudice à tous droits. Requête d'emploi dudit Louis Diétrich, servant de contredits à sa Demande en cassation à production nouvelle, & d'établissement de sa seconde Demande évoquée, signifiée le vingt-un Novembre, tendant à ce qu'il plût à SA MAJESTE', procédant au Jugement des Instances évoquées, & jointes par Arrêts des six & vingt-six Janvier audit an mil sept cens cinquante-quatre, sans s'arrêter à l'Arrêt de la Chambre des Comptes de Lorraine, du cinq dudit mois de Janvier, qui sera cassé & annullé, non-plus qu'à l'inscription de faux formée par le Sieur Leroy de la Grange, ni à tout ce qui a précédé & suivi, faisant droit sur la Saisie du dix-sept Novembre; déclarer les six Balots de Marchandises énoncés au Procès-verbal dudit jour, acquis & confisqués au profit de Louis Diétrich; condamner lesdits Freres Lefebvre & Compagnie, Barbier de Mélicourt, ensemble le Sieur Leroy & Michel Morin, chacun solidairement & par corps, en deux mille frans Barrois d'amende, relativement à l'Ordonnance du dix-neuf Mai mil sept cens quatre, & aux dépens à cet égard. Faisant pareillement droit sur la Saisie du vingt-neuf Décembre, déclarer aussi les Marchandises énoncées au Procès-verbal dudit jour, de même acquises & confisquées; & condamner lesdits Freres Lefebvre, Barbier de Mélicourt, & Jean-Jacques Weisbeck, en pareille amende de deux mille frans Barrois, chacun solidairement & par corps, & aux dépens aussi à cet égard; permettre de faire imprimer l'Arrêt à intervenir aux frais des contrevenans, sans préjudice. Requête d'emploi des Freres Lefebvre & Compagnie, servant de contredits, signifiée le quatorze Décembre; par laquelle ils ont conclu à ce qu'il plût à SA MAJESTE' leur ajuger les Conclusions qu'ils ont prises par leurs Ecritures précédentes. Autre Requête des mêmes, aux fins de faire recevoir par production nouvelle la Piéce y énoncée, icelle reçuë par Ordonnance du même jour quatorziéme Décembre, signifiée à l'instant, pour être contredite dans trois jours. Acte d'emploi du Sieur Leroy, signifié le même jour; Acte d'emploi de Michel Morin, signifié aussi le même jour quatorziéme Décembre. Requête d'emploi de Louis Diétrich, signifiée le onziéme Janvier dernier; autre Requête du même en production nouvelle des Piéces y énoncées, icelle reçuë par ordonnance du vingt-deux Novembre, signifiée le même jour, pour être contredite dans trois jours. Acte d'emploi des Freres Lefebvre & Compagnie, signifié avec un de distribution de l'Instance, le quinze du même mois de Janvier. Toutes les Piéces & Productions des Parties au contenu de l'Inventaire, notamment l'Ordonnance du dix-neuf Mai mil sept cens quatre, par laquelle le Duc Leopold a fait très expresses inhibitions & defenses à tous Marchands, Négocians & autres ses Sujets, de donner ni prêter leurs noms à aucuns Marchands, Négocians ni autres, pour faire venir dans ses Etats des Marchandises étrangéres; d'en retirer, recevoir ni loger, pour quelle cause ou prétexte ce puisse être, à peine de confiscation desdites Marchandises, Chevaux & Harnois, & de deux mille frans d'amende pour chaque contravention, contre chaque contrevenant. Et après que le tout a été vû & examiné, que le Sieur Renault d'Ubéxi, Conseiller d'Etat ordinaire, & audit Conseil des Finances & Commerce, à ce député, a été oüi en son Raport; & tout considéré :

LE ROI, en son Conseil, a ordonné & ordonne que l'Ordonnance du dix-neuf Mai mil sept cens quatre, sera suivie & exécutée, suivant sa forme & teneur; en conséquence a cassé & annullé, casse & annulle l'Arrêt rendu par sa Chambre des Comptes de Lorraine, ledit jour cinquiéme Janvier mil sept cens cinquante-quatre: & faisant droit aux Parties sur leurs Conclusions respectives, dans les Instances évoquées par les Arrêts de sondit Conseil des six & vingt-six audit mois de Janvier; SA MAJESTE', sans s'arrêter à celles dudit Louis Diétrich contre lesdits Leroy de la Grange, Morin & Weisbeck, non-plus qu'à l'Inscription de faux desdits Lefebvre & Compagnie contre le Procès-verbal du dix-sept Novembre mil sept cens cinquante-trois; a déclaré & déclare les Marchandises saisies, tant au contenu dudit Procès-verbal, que de celui des vingt-neuf & trente Décembre suivant, acquises & confisquées au profit de SA MAJESTE'; condamne chacun desdits Pierre-Charles, Nicolas-François les Lefebvre, & Nicolas Barbier de Mélicourt, leur Associé, en deux mille frans Barrois d'amende, pour raison de leur contravention à ladite Ordonnance; les condamne, en outre, SA MAJESTE', solidairement & par corps, en mille livres de dommages & intérêts envers ledit Leroy de la Grange; & sur le surplus des Fins & Conclusions desdites Parties, a icelles mises & met hors de Cour; condamne lesdits Lefebvre & Barbier de Mélicourt, aux dépens tant desdites Instances au Bailliage de Neuf-château, que de celle d'Apel en ladite Chambre des Comptes, & de la présente audit Conseil envers lesdits Diétrich, Leroy de la Grange, Morin & Weisbeck. Ordonne que l'amende consignée par ledit Leroy de la Grange, lui sera renduë; & que le présent Arrêt sera lû, publié & affiché par-tout où besoin sera.

FAIT & jugé audit Conseil tenu à Lunéville, le vingt-six Avril mil sept cens cinquante-cinq.

DURIVAL.

ARREST DU CONSEIL ROYAL DES FINANCES ET COMMERCE,

Qui détermine les Lieux où les Droits de Foraine doivent être payés.

Ordonne que les Marchandises, même celles exemptes des Droits, seront conduites aux Bureaux.

Que les Propriétaires & Voituriers en feront des Déclarations signées.

Régle la forme de ces déclarations.

Veut que celles qui auront été faites ne puissent être changées.

Prononce des peines dans les cas où elles seront trouvées fausses.

Et établit des précautions au sujet des Bestiaux étant sur les limites des Etats.

Du 24 Juillet 1756.

SUR ce qui a été représenté au Roi par Louis Diétrich, Adjudicataire Général des Fermes de Lorraine & Barrois; premiérement que l'Article XXIV. de son Bail, en déterminant les Lieux où doivent se payer les Droits de Haut-Conduit, de

Sortie, ceux d'Issuë Foraine, d'Impôt sur les Toiles chargées dans le Pays, d'Acquit-à-Caution, Haut-Conduit d'Entrée, d'Entrée-Foraine, d'Impôt sur les Toiles venant de l'Etranger & y retournant, ensemble celui de Traverse; a imposé touchant le dernier de ces Droits, aux Voituriers une obligation qui les gêne beaucoup, & qui est nuisible au Commerce, en leur prescrivant lorsqu'ils passeront par Nancy, de l'y venir acquiter, ce qui paroît contraire à l'Ordonnance du premier Septembre mil six cens quinze, qui laisse à leur choix de le payer au Bureau de l'Entrée, & que cet Article n'a pas pourvû aux peines & embarras que causent à la Régie ceux qui ont des Priviléges, par leur affectation à ne point se présenter aux Bureaux des Fermes, sous prétexte que les Réglemens n'y obligent que les Marchands & Voituriers qui conduisent des Marchandises sujettes aux Droits.

En second lieu, que les Acquits s'expédient ou sur les déclarations verbales des Marchands & Voituriers, ou sur les Lettres de Voiture qu'on rend aux Porteurs en leur délivrant ces Acquits, qui ne sont signés ni desdits Marchands ni desdits Voituriers; Sur quoi ledit Diétrich a observé que dans les cas de recélés ou autres fraudes, les Voituriers ainsi que les Propriétaires des Marchandises, sont les Maîtres de former telles exceptions qu'ils jugent à propos d'imaginer, & qu'ils peuvent même désavouer les Acquits, quand il en résulte quelque moyen contr'eux; comme, par exemple, dans le cas d'un Acquit-à-Caution délivré avec consing, & rapporté ensuite avec un faux Certificat de déchargement.

En troisiéme lieu, que les Droits de Sortie à l'égard des Bestiaux sont journellement fraudés par ceux des lieux limitrofes, qui les font sortir des Etats de Sa Majesté pour n'y plus rentrer, & se servent du prétexte de parcours sur les finages des Etats voisins, pour priver la Ferme de l'Acquit desdits Droits, en assurant qu'ils les conduisent sur la pâture desdits finages. Que comme il est nécessaire de remédier à ces inconvéniens, il a crû devoir en informer Sa Majesté, & la supplier trés-humblement d'y pourvoir, de maniére qu'en laissant à l'égard du Droit de Traverse aux Marchands & Voituriers, la liberté qui leur a été accordée, & dont ils ont toujours usé sur le choix du Bureau de l'Entrée ou de la Ville de Nancy, pour l'Acquit dudit Droit, il y ait sur le surplus des précautions contre la fraude. Sur quoi la matiére mise en délibération ; & Sa Majesté voulant assimiler autant qu'il est possible la Régie de ses Fermes à celle qui est établie en France : Oüi le rapport du Sieur Renault d'Ubexi, Conseiller d'Etat ordinaire & au Conseil Royal des Finances & Commerce, Commissaire à ce député, & tout considéré.

LE ROI EN SON CONSEIL a ordonné & ordonne : premiérement, Que l'Ordonnance du premier Septembre mil six cens quinze, & l'Article XXIV. de la Déclaration du dix-huit Mai mil sept cens cinquante, faisant Bail de ses Fermes Générales, seront suivis & exécutés, aux modifications & additions ci-après ; en conséquence que les Droits de Haut-Conduit, de Sortie, ceux d'Issuë Foraine, d'Impôt sur les Toiles chargées dans le Pays, & les Droits d'Acquit-à-Caution seront pris au premier & plus prochain Bureau du chargement des Marchandises ; qu'à l'égard des Droits de Haut-Conduit d'Entrée, d'Entrée-Foraine, d'Impôt sur les Toiles venant de l'Etranger & y retournant, ainsi que celui de Traverse, seront payés au premier & plus prochain Bureau de la route, à l'exception cependant en ce qui concerne ledit Droit de Traverse, que les Voituriers & Conducteurs desdites Marchandises pourront venir l'acquiter au Bureau de la Ville de Nancy, lorsqu'ils tiendront la route de ladite Ville, aux modérations portées en l'Article VI. de ladite Ordonnance dudit jour premier Septembre mil six cens quinze ; & seront obligés dans ledit cas lesdits Voituriers & Conducteurs, de prendre pour sûreté dudit Droit de Traverse, un Acquit-à-Caution au premier & plus prochain Bureau de leur route, le tout à peine de confiscation des Marchandises & de l'Equipage qui aura servi à les conduire, & de trois cens livres d'amende.

Lieux ou les Droits doivent être payés.

En second lieu, tous Marchands & Voituriers seront tenus en arrivant aux lieux où les Bureaux sont établis, de conduire leurs Marchandises ou Denrées directement ausdits Bureaux, pour y être déclarées & visitées, quand même elles seroient exemptes ou déchargées des Droits de Sa Majesté, sous les mêmes peines de confiscation & de trois cens livres d'amende ; lesquelles confiscations & amendes auront lieu lorsque les Marchandises auront

Les Marchandises, même celles exemptes des Droits seront conduites aux Bureaux.

passé au-delà des Bureaux, ou qu'elles auront été déchargées avant que d'y avoir été conduites.

Les Propriétaires & Voituriers feront des Déclarations signées.

En troisiéme lieu, les Voituriers ou Conducteurs des Marchandises seront aussi tenus sous lesdites peines, de faire leur déclaration sur le Régistre du Bureau des Fermes, ou d'en apporter une signée des Marchands ou Proprietaires desdites Marchandises, ou de leurs Facteurs, qui demeurera audit Bureau, & sera encore ladite Déclaration signée par les Voituriers ou Conducteurs, s'il sçavent signer.

Forme des Déclarations.

En quatriéme lieu, lesdites Déclarations contiendront la qualité, le poids, le nombre & la mesure des Marchandises, le nom du Marchand ou Facteur qui les envoie, de celui à qui elles sont adressées, le lieu du chargement, celui de la destination, & seront les marques & numeros des Balots mis en marge des mêmes Déclarations.

Déclarations ne pourront être changées.

En cinquiéme lieu, ceux qui auront donné ou fait leurs Déclarations n'y pourront plus augmenter ni diminuer, sous prétexte d'omission ou autrement; & sera la vérité ou fausseté de la Déclaration jugée sur ce qui aura été premiérement déclaré.

Peines dans les cas où les Déclarations sont trouvées fausses.

En sixiéme lieu, si la Déclaration se trouve fausse dans la qualité des Marchandises, elles seront confisquées, & toutes celles de la même Facture appartenantes à celui qui aura fait la fausse Déclaration, même l'Equipage s'il lui appartient, mais non la Marchandise ni l'Equipage appartenant à d'autres Marchands, si ce n'est qu'ils eussent contribué à la fraude; & si la Déclaration est fausse dans la quantité, la confiscation ne sera ordonnée que pour ce qui n'aura point été déclaré.

Précautions au sujet des Bestiaux, étant sur les limites des Etats.

En septiéme lieu, les Bergers & Propriétaires des Bestiaux, étant sur les limites des Etats de Sa Majesté, qui voudront les faire paître au dehors desdits Etats, seront tenus d'en donner préalablement leur déclaration aux Commis des Fermes, qui les compteront & marqueront gratuitement, & de faire leur soumission de les ramêner dans le tems qui sera limité, ou de payer les Droits de ce qui s'en défaudra. Déroge au surplus Sa Majesté, en tant que besoin seroit, à tous Edits, Ordonnances, Déclarations & autres Loix contraires au prescrit du présent Arrêt, pour l'exécution duquel toutes Lettres nécessaires seront expédiées. FAIT audit Conseil tenu à Lunéville, le vingt-quatre Juillet mil sept cens cinquante-six.

Collationné, ROUOT, *Sécrétaire d'Etat.*

STANISLAS, par la grace de Dieu, Roi de Pologne, Grand Duc de Lithuanie, Russie, Prusse, Mazovie, Samogitie, Kiovie, Volhinie, Podolie, Podlachie, Livonie, Smolensko, Severie, Szernikovie, Duc de Lorraine & de Bar, Marquis de Pont à-Mousson & de Nomeny, Comte de Vaudémont, de Blamont, de Sarwerden & de Salm. A nos amés & féaux les Présidens, Conseillers, Maîtres, Auditeurs & Gens tenans notre Chambre des Comptes de Lorraine, SALUT: Ayant sur la Requête de Louis Diétrich, Adjudicataire Général de nos Fermes de Lorraine & Barrois, été rendu Arrêt en notre Conseil Royal des Finances & Commerce, Nous y étant le vingt-quatre Juillet dernier, par lequel Nous avons ordonné que l'Ordonnance du premier Septembre mil six cens quinze, & l'Article XXIV. de notre Déclaration du dix-huit May mil sept cens cinquante, faisant Bail de nosdites Fermes Générales, seront suivis & exécutés, aux modifications & additions portées par le même Arrêt, au sujet des Droits de Haut-Conduit de Sortie, ceux d'Issuë Foraine, d'Impôt sur les Toiles, &c. suivant que le tout y est plus amplement porté & détaillé en sept Articles; Et voulant que ledit Arrêt dont l'expédition est ci jointe & attachée sous le Contrescel de notre Chancellerie, sorte son plein & entier effet, NOUS VOUS MANDONS de le faire incessamment régistrer, ensemble les Présentes en vos Greffes, pour y avoir recours le cas échéant, lire, publier & afficher par-tout où besoin sera, & de tenir la main à sa pleine & entiére exécution, sans permettre ni souffrir qu'il y soit contrevenu directement ni indirectement: CAR AINSI NOUS PLAIT. En foi de quoi nous avons aux Présentes signées de notre main, & contresignées par l'un de nos Conseillers-Sécrétaires d'Etat, Commandemens & Finances, fait mettre & appendre notre Grand Scel. DONNE' en notre Ville de Lunéville, le dix-sept Août mil sept cens cinquante-six.

Signé, STANISLAS ROY.

Par le Roy, ROUOT.

Registrata, Guire.

LA CHAMBRE a donné acte de la lecture & publication du présent Arrêt, ensemble des Lettres de Commission y jointes, ouï & ce requérant l'Avocat Général; Ordonne qu'ils seront suivis & exécutés selon leur forme & teneur, & régîtrés en ses Greffes, pour y avoir recours le cas échéant; qu'à la diligence du Procureur Général, & aux frais du Fermier Général, Copies duement collationnées seront envoyées dans tous les Bailliages & autres Siéges ressortissans à la Chambre, pour être pareillement lues, publiées, régîtrées, suivies & exécutées; enjoint aux Substituts des Lieux de tenir la main à leur exécution, & d'en certifier la Chambre dans le mois. FAIT *en la Chambre des Comptes de Lorraine, à Nancy, Audiance publique tenante, le quatre Septembre mil sept cens cinquante-six.*

Signé, *RIOCOUR.*

Et plus bas, J. FRIMONT.

ARREST
DU CONSEIL ROYAL
DES FINANCES ET COMMERCE,

Qui ordonne que les Réglemens donnés ſur le fait des Acquits-à-Caution, notamment les Arrêts du Conſeil d'Etat du 23 Janvier & 26 Mars 1726 ; comme auſſi les Articles XXII. & XXIV. de la Déclaration du Roi, faiſant Bail des Fermes Générales de SA MAJESTÉ ; *& l'Arrêt de la Chambre des Comptes de Lorraine, du 24 Janvier 1708 ; ſeront ſuivis & exécutés, en conſéquence condamne François Bertrand, Voiturier, demeurant à Viſembach, & par Corps, en cinq cens frans d'amende & en tous les dépens, avec confiſcation des Chevaux, Harnois, Chariot & Marchandiſes ſur lui ſaiſis ; faute d'avoir pris un Acquit-à-Caution au Bureau de S. Diey, lieu de ſon chargement; pour conduire treize Sacs de Froment dans la partie Lorraine de Ste. Marie-aux-Mines, purement conſiderée comme limitrophe à la partie de ce lieu, qui eſt Alſace.*

Du 4 Septembre 1756.

SUR la Requête preſentée au Roi en ſon Conſeil des Finances & Commerce, par Louis Diétrich, Adjudicataire des Fermes Générales de Lorraine & Barrois. Contenant, que par Procès-verbal des Employés de la Brigade Ambulante du Département de la deuxiéme Vosge, en datte du 26 Janvier dernier, revêtu de toutes les formalités prescrites par les Réglemens; il est constaté qu'ils ont saisis sur le nommé François Bertrand, Voiturier demeurant à Visembach, un Chariot attelé de trois Chevaux, chargé de Froment; faute par lui d'avoir levé l'Acquit-à-Caution au Bureau de S. Diey, lieu de son chargement; pour assûrer que le déchargement de ce Froment seroit réellement fait dans la partie Lorraine de Ste. Marie-aux-Mines, où il disoit aller. Que ce particulier n'ayant pas voulu fournir caution, les treize Sacs remplis de Froment avec le Char & les Chevaux saisis, furent remis à la charge & garde de Joseph Vatrinot, Aubergiste à S. Diey, sur sa reconnoissance. Que le lendemain vingt-sept Janvier, François Bertrand presenta Requête en oposition au Bailliage de S. Diey, tendant à faire déclarer la saisie nulle, injurieuse & tortionnaire, & à en obtenir pleine & entiere mainlevée, avec dommages, intérêts & dépens à donner par déclaration. Qu'il intervint Sentence le même jour qui continua la cause à la huitaine, & fit cependant mainlevée provisionnelle en donnant Caution; que le Supliant de son côté déclara par Acte du vingt Février suivant à François Bertrand, qu'il concluroit incidemment pour le faire condamner en cinq cens frans d'amende resultante de sa contravention, à la confiscation des Effets, Marchandises, Chevaux & Harnois saisis & aux dépens. Qu'à l'Audiance du vingt-quatre dudit mois de Février, il y eut Sentence qui ordonna un délibéré sur les Régîtres, & le premier Mai suivant il fut prononcé par ce délibéré ainsi que s'ensuit « Nous, attendu uniquement qu'Antoine » Thiriet, pour qui la partie de Me. Ranfaing le jeune (c'est » François Bertrand) conduisoit le Grain dont il s'agit, réside » dans une maison Lorraine, enclavée dans la partie d'Alsace; » & que pour y parvenir il faut nécessairement emprunter le ter» ritoire étranger d'Alsace, avons renvoyé la partie de Richard » (c'est le Supliant) de la demande principale contr'elle for» mée, & ajugé les fins de sa demande incidente avec dépens, » sauf à ladite partie de Me. Ranfaing le jeune, audit Antoine » Thiriet & autres résident dans le quartier de Brehagoutte à se » pourvoir comme ils aviseront bon être, pour attendu la situa» tion singuliere de la partie de la Ville de Ste. Marie-aux-Mines » Lorraine, mi-partie & même enclavée en la partie de Ste. Marie

„ Alsace, faire confirmer l'usage où ils prétendent être respecti- „ vement de ne point prendre d'Acquit d'une partie à l'autre, „ pour les Denrées de leur consommation. " Que François Bertrand a interjetté Apel de ce Jugement, & il a fait intimer le Supliant à la Chambre des Comptes de Lorraine. Qu'Antoine Thiriet, Marchand à Ste. Marie-aux-Mines partie Lorraine que la Sentence du premier Mai reconnoit pour propriétaire du Grain saisi, est intervenu dans la cause d'Apel, par Requête du quatorze Juillet dernier; il a formé un Apel incident en nullité du Procès-verbal du vingt-six Janvier précédent, en conséquence demande que la mainlevée provisionnelle fut convertie en définitive, le Supliant condamné en trois cens livres de dommage & interêts & aux dépens, avec défenses de plus à l'avenir faire faire de pareilles saisies. Qu'enfin le Supliant a aussi interjetté un Apel incident de la Sentence du premier Mai en ce qui concerne la restriction qu'elle contient, & il a conclu à ce qu'en émandant quant à ce, il soit ordonné que la condamnation prononcée contre François Bertrand par cette Sentence, tiendra, faute par lui d'avoir pris Acquit-à-Caution, tant au désir de l'Arrêt de la Chambre des Comptes de Lorraine, du vingt-quatre Janvier mil sept cens huit, que de celui du Conseil d'Etat, du vingt-trois Janvier mil sept cens vingt-six, & ledit Bertrand condamné à l'amende d'Apel & aux dépens. Que c'est dans cet état des choses que la Chambre des Comptes a rendu Arrêt le trente dudit mois de Juillet; dont voici le dispositif " Notredite Chambre a reçuë la demande en inter- „ vention & l'Apel incident interjetté sur le Bareau par la partie „ de Foissey; (c'est Antoine Thiriet) a pareillement reçu l'Apel „ incidemment interjetté par la partie de Fourier, (c'est le Su- „ pliant) & sans s'arrêter à ce dernier Apel incident; faisant „ droit tant sur l'Apel principal que sur l'intervention & Apel „ incident de la partie de Foissey, a mis l'apellation & ce dont „ est Apel au néant, émandant, a converti la mainlevée provi- „ sionnelle en définitive, & a déchargé la même partie de Jacque- „ min (c'est François Bertrand) des condamnations contr'elle „ prononcées, & a condamné la partie de Fourier aux dépens „ envers toutes les parties " Que si cet Arrêt pouvoit subsister, il ne manqueroit pas d'entrainer l'anéantissement des droits de Haut-Conduit & d'Issuë-Foraine, ensorte que le Supliant seroit obligé pour satisfaire aux engagemens de son Bail, d'en demander la cassation au Conseil de Sa Majesté. Que c'est un principe indubitable que les Vins, Vivres, Marchandises & Denrées que l'on fait sortir des Etats de Sa Majesté doivent acquitter les droits de Haut-Conduit sur le pied des Tarifs contenus dans la Déclaration du mois d'Août mil sept cens quatre, & celui d'Issuë-Foraine conformément aux taxes du Tarif du quatre Décembre seize cens quatre; que ces droits ne sont pas dus pour les Vins, Vivres, Marchandises & Denrées, dont le transport se fait dans l'étenduë des Pays de l'obéissance de Sa Majesté; mais comme dans ce transport il arrive souvent que les Voituriers s'aprochent tellement de la Frontiere, qu'ils pourroient la franchir quelque soin l'on prît de l'empêcher, & qu'il se rencontre presqu'aussi fréquemment qu'ils empruntent même le passage par des Terres étrangéres, dans lesquelles ils seroient les maîtres de laisser les Marchandises qu'ils conduisent; il a été dans tous les tems reconnu que la seule maniere efficace d'arrêter la fraude aux droits de Sortie, étoit d'obliger à l'Acquit-à-Caution, tant ceux qui vont dans les Lieux limitrophes, que ceux qui allans d'un lieu à un autre dans les Etats, passent intermédiairement par une Souveraineté étrangere.

Cette précaution a été prescrite, 1°. Par un Arrêt rendu le dix Mars seize cens septante-trois au Parlement de Metz, qui étoit alors Juge Souverain en Lorraine; par lequel il a été enjoint à tous Voituriers d'acquitter les droits des Marchandises qu'ils conduisent hors de la Lorraine, & de prendre l'Acquit-à-Caution pour celles qui seront destinées à être consommées dans ce Pays. 2°. Par un Arrêt de la Chambre des Comptes, du vingt-quatre Janvier mil sept cens huit, qui sur les Requisitions d'Office de M. le Procureur Général, enjoint à tous Voituriers de prendre des Acquits-à-Caution pour toutes les Voitures & Marchandises qu'ils conduiront dans les Lieux limitrophes des Etats. 3°. Par un Réglement du Conseil d'Etat, du vingt-trois Janvier mil sept cens vingt-six; lequel ordonne que pour toutes Marchandises transportées d'un lieu à un autre, dans les Etats en passant sur un territoire d'une Souveraineté étrangere, il sera pris Acquit-à-Caution, qui sera raporté ensuite dans un délai compétant; certifié par les Officiers & Gens de Justice des Lieux; non-seulement l'exécution de ces deux Réglemens a été ordonnée par l'Article XXII. de la Déclaration de Sa Majesté, du dix-huitiéme Mai mil sept cens cinquante, faisant Bail des Fermes Générales au Supliant, aussi-bien que celles de l'Arrêt du Conseil d'Etat, du vingt Mars mil sept cens vingt-six, qui veut que les Voituriers qui auront négligés de prendre des Acquits-à-Caution soient condamnés en cinq cens frans d'amende, avec confiscation de leurs Marchandises, Chevaux & Harnois ; mais l'Article XXIV. de la même Déclaration, en réglant à quels Bureaux les Acquits doivent être pris, ordonne encore que ceux à Caution seront levés au plus prochain Bureau du chargement des Marchandises. Or, Ste. Marie-aux-Mines étant plusque tout autre lieu, un Lieu limitrophe, puisqu'il n'est Lorraine que pour une partie, l'autre partie faisant une dépendance de l'Alsace, & les deux autres parties se trouvant même entremélées, de façon que François Bertrand qui prétendoit aller chez Antoine Thiriet, demeurant dans la partie Lorraine, ne pouvoit s'y rendre sans passer par la partie d'Alsace ; il est plus clair que le jour, qu'au désir des Réglemens ci-dessus cités, ce Particulier devoit, à double titre, avoir pris au Bureau de S. Diey, lieu de son chargement, l'Acquit-à-Caution ; & que faute de l'avoir fait, il a encouru les peines de confiscation & d'amende portées par ces Réglemens. Qu'ainsi, par une conséquence incontestable, il est également clair que c'est par une contravention formelle aux dispositions dudit Réglement ; que la Chambre des Comptes, par son Arrêt du trente Juillet dernier, a déchargé ce Voiturier des condamnations contre lui prononcées par la Sentence des Juges de S. Diey, du vingt-six Janvier précédent : que le mélange & les enclaves réciproques des parties Alsace & Lorraine de Ste. Marie-aux-Mines, loin de justifier l'Arrêt de la Chambre des Comptes de Lorraine, fournissent au contraire des raisons très-fortes de le réformer : en effet, s'il étoit libre à quiconque, comme la Chambre des Comptes juge au cas particulier, que François Bertrand l'a pû, de destiner pour un Habitant Lorrain de Ste. Marie-aux-Mines des Marchandises & Denrées prises dans l'intérieur des Etats ; sans donner aucune sûreté que le déchargement se fera sans fraude chez cet Habitant ; on conçoit aisément qu'il vaudroit tout autant déclarer que la sortie des Etats par Ste. Marie-aux-

Mines, demeurera pleinement affranchie des droits de Haut-Conduit & d'Iſſuë-Foraine; puiſqu'il n'eſt pas douteux qu'il n'y auroit déſormais point de Voituriers ni Marchands allans en Alſace, qui, pour ſe ſouſtraire au payement de ces droits, ne pretextât, rencontré ſur la Route de Ste. Marie-aux-Mines, & même pénétrant dans la partie d'Alſace, melée avec celle de Lorraine, qu'il va dans une habitation de celle-ci. Vainement objecteroit-on que c'eſt au Fermier à faire veiller pour ſurprendre ceux qui abuſeroient de la facilité de frauder; les Ducs, Prédéceſſeurs de Sa Majeſté & la Chambre des Comptes elle-même, comme ſon Arrêt de mil ſept cens huit le conſtate; ont ſenti qu'une pareille reſource ne ſeroit propre qu'à laiſſer les droits à la diſcrétion des redevables; & que d'ailleurs, elle entraineroit, quoiqu'inſuffiſante, des frais qui excéderoient le produit des droits qu'on voudroit conſerver; c'eſt pour prevenir ces inconveniens qu'ils ont établi l'Acquit-à-Caution, & dans les cas où ils ont réglés qu'il doit être pris; il ne peut plus être en problême, s'il le ſera ou non. A CES CAUSES, le Supliant a conclu qu'il plût à Sa Majeſté, ordonner que les Réglemens rendus ſur le fait des Acquits-à-Caution les vingt-quatre Janvier mil ſept cens huit, vingt-trois Janvier & vingt-ſix Mars mil ſept cens vingt-ſix; enſemble les Articles XXII. & XXIV. de la Déclaration de Sa Majeſté des dix-huit Mai mil ſept cens cinquante faiſant Bail au Supliant, ſeront exécutés; en conſéquence ſans s'arrêter tant à l'Arrêt rendu par la Chambre des Comptes de Lorraine le trente Juillet mil ſept cens cinquante-ſix, qu'à la Sentence du Bailliage de S. Diey du premier Mai précédent, en ce qui concerne la reſtriction y portée qui ſeront caſſés & annullés, procédant à un nouveau Jugement; ſans s'arrêter à l'opoſition formée au Bailliage de S. Diey par François Bertrand, non plus qu'à l'intervention & demande incidente formée pardevant la Chambre des Comptes par Antoine Thiriet; faiſant droit ſur la demande du Supliant, condamner ledit François Bertrand & par Corps, en cinq cens francs d'amende réſultante de ſa contravention conſtatée par le Procès-verbal du vingt-ſix Janvier mil ſept cens cinquante-ſix; déclarer les Chevaux, Harnois, Chariots & Marchandiſes ſur lui ſaiſies par ce Procès-verbal, acquis & confiſqués au profit du Supliant, & condamner le même Bertrand aux dépens de toutes les Inſtances tant au Bailliage de S.

Diey, qu'à la Chambre des Comptes & au Conſeil. Vû ladite Requête, ſigné, Vanier, Avocat audit Conſeil; les Piéces y jointes, notamment le Procès-verbal dudit jour vingt-ſix Janvier mil ſept cens cinquante ſix; la Sentence du Bailliage de S. Diey du vingt-quatre Février ſuivant, & l'Arrêt de ladite Chambre des Comptes du trente-un Juillet dernier. Et ouï le raport du Sieur Renault d'Ubexy, Conſeillier d'Etat ordinaire du Roi, & audit Conſeil des Finances, Commiſſaire à ce député; & tout conſidéré.

LE ROI en ſon Conſeil, a ordonné & ordonne, que les Réglemens donnés ſur le fait des Acquits-à-Caution, par les Ducs de Lorraine & de Bar, ſes Prédéceſſeurs, notamment les Arrêts du Conſeil d'Etat du feu Duc Leopold des vingt-trois Janvier & vingt-ſix Mars mil ſept cens vingt-ſix, comme auſſi les Articles XXII. & XXIV. de la Déclaration du dix-huit May mil ſept cens cinquante ;· faiſant Bail actuel des Fermes Générales de Sa Majeſté, & l'Arrêt de ſa Chambre des Comptes de Lorraine du vingt-quatre Janvier mil ſept cens huit, feront ſuivis & exécutés, en conſéquence ſans s'arrêter à l'Arrêt de ſadite Chambre des Comptes dudit jour trente du mois de Juillet dernier, non-plus qu'au motif énoncé en la Sentence renduë au Bailliage de S. Diey le premier Mai précédent; lequel Arrêt, enſemble ladite Sentence quant audit motif, Sa Majeſté a caſſés & annulés, caſſe & annulle, procédant au Jugement des demandes dont il s'agit, ſans s'arrêter à l'opoſition dudit François Bertrand, non-plus qu'à l'intervention & demande incidente dudit Antoine Thiriet; faiſant droit ſur la demande du Supliant, condamne ledit Bertrand & par Corps en cinq cens frans d'amende, pour raiſon de ſa contravention; déclare les Chevaux, Harnois, Chariot & Marchandiſes ſur lui ſaiſis au contenu du Procès-verbal du vingt-ſix Janvier dernier, acquis & confiſqués au profit dudit Supliant, & condamne en outre le même Bertrand en tous les dépens, tant de l'Inſtance principale audit Bailliage de S. Diey, que de celle d'Apel en ladite Chambre des Comptes, & demande en caſſation audit Conſeil.

FAIT audit Conſeil tenu à Lunéville le 4 Septembre 1756.

Signé, DURIVAL.

www.ingramcontent.com/pod-product-compliance
Ingram Content Group UK Ltd.
Pitfield, Milton Keynes, MK11 3LW, UK
UKHW022100260726
13993UKWH00001B/231

9 782329 297279